本书获广东外语外贸大学学术著作出版基金、广东省高等学校“千百十人才培养工程”、广东省哲学社会科学“十一五”规划2010年度项目（GD10CXL04）资助

心理语言学研究丛书

张积家 主编

义符在中文词汇加工中的作用

Yifu zai Zhongwen Cihui Jiagong zhong de Zuoyong

陈新葵 ◎著

暨南大学出版社
JINAN UNIVERSITY PRESS

中国·广州

图书在版编目（CIP）数据

义符在中文词汇加工中的作用/陈新葵著. —广州：暨南大学出版社，2014.7
（心理语言学研究丛书）
ISBN 978－7－5668－0814－1

Ⅰ.①义… Ⅱ.①陈… Ⅲ.①义符—研究 Ⅳ.①H122

中国版本图书馆 CIP 数据核字（2013）第 247869 号

出版发行：暨南大学出版社

地　址：中国广州暨南大学
电　话：总编室（8620）85221601
营销部（8620）85225284　85228291　85228292（邮购）
传　真：（8620）85221583（办公室）　85223774（营销部）
邮　编：510630
网　址：http：//www.jnupress.com　http：//press.jnu.edu.cn

排　版：广州市天河星辰文化发展部照排中心
印　刷：广州市怡升印刷有限公司

开　本：787mm×960mm　1/16
印　张：9
字　数：165 千
版　次：2014 年 7 月第 1 版
印　次：2014 年 7 月第 1 次

定　价：23.00 元

语言、思想和行为（总序）

“心理语言学研究丛书”由暨南大学出版社出版了，这是一件可喜可贺之事。丛书包括10部书，其中9部是由华南师范大学9位语言认知方向的博士论文改编而成，1部为社会科学研究方法类的书籍。丛书反映了我们近年来在心理语言学研究方面取得的最新成果，也从一个侧面反映了进入21世纪以后我国心理语言学研究的一些最新的进展。作者都是我的学生，在这里，我为该套丛书写一个总的序言。

毫无疑问，语言是人类最重要的交际工具。借助于语言，人们可以相互交际，一个人拥有的信息可以传递给另一个人，文明的成果也可以在世代之间积累、保存和传递，人类因而成为一种“能群”（荀子语）的动物。由于“能群”，所以，虽然人类“力不若牛，走不若马”，却能够从动物界中脱胎出来，成为万物之灵。借助于语言，人类组成了社会和组织，形成了社会性的本质。马克思说：“人不是抽象的蛰居于世界之外的存在物。人就是人的世界，就是国家、社会。”“人的实质也就是人的真正的共同体。”“人是最名副其实的社会动物，不仅是一种合群的动物，而且是只有在社会中才能独立的动物。”在人类社会中，语言无疑是个体面对的最重要的社会现实之一。人生活在语言之中。语言对人类社会，须臾不可离。

语言又是人类思维的最重要的工具。思想是什么？通俗地说，它是人类思维的结果，是人类精神活动的产物。然而，思想不具有形体，没有颜色、体积、温度或重量。思想要存在，就离不开语言。语言是符号系统，是以语音或字形为物质外壳，以语义为意义内容，以音义结合的词汇为建筑材料，以语法为组织规律的体系。没有语言，思想就失去了存在的基础，就成为无源之水，无本之木。它既无法表达出来，也无法留传下去。正由于语言对于思想的重要性，语言和思维的关系就为历代思想家所关注。维果茨基（L. Vygotsky，1896—1934）指出，语言和思维的关系是“最为复杂和最为重大的问题”，对于这一问题的探讨，有助于揭示人类意识的本质。

行为是有机体的反应系统，是有机体的言语、活动、动作、运动、反应或行动的统称。行为有简单和复杂之分，言语行为是复杂行为。在言语行为中，处于交际中的一方说出或写出具有语音或字形的词或句子，另一方则通过解码对方的词或句子，理解其中的思想内容。虽然人类亦可以采用其他形式（如表情或动作）来交流，但它们既不清晰，也不是最主要的形式。因此，要研究人的心理，最主要的还是要观察人们的言语行为。即“言为心声”，“诗言志”。看一个人，要“听其言”。

于是，从20世纪四五十年代开始，西方哲学界和心理学界就出现了“语言学的转向”。哲学的研究对象和主题从思维和理性活动的内容转向表达这种内容的语言本身，命题意义研究取代了认识能力研究。例如，弗雷格（F. L. G. Frege，1848—1925）认为，哲学研究语言表达式，这些表达式意味着有客观实在性的东西。概念不是某种心灵过程或精神实体，而是某种特殊类型的客观事物。语言表达式具有可以公开考察的性质。意义研究依赖于对这些性质的考察，而不依赖于对心理过程的臆测。在语言背后，并不存在某种需要由语言表达的理性内容。相反，语言本身就是这些内容。所以，研究语言就是研究思想本身。对于这一点，虽然英美哲学家和欧陆哲学家仍有不同认识，但是他们都认为语言比以往在更大程度上影响并决定思想，甚至决定人类自身的生存状态。语言是人类最重要的也是最直接的思维现实。例如，英美的分析哲学家把语言看作是思想的逻辑形式。语言既是人类认识活动的结果，也是人类认识活动的对象。只有把语言看成是对人类共同的、客观的东西，才能真正认识语言的性质和作用。由于人们以往错误地理解或使用了语言，所以思想才会发生混乱，因而可以从语言中找到传统哲学混乱的根源。分析哲学大师维特根斯坦（L. Wittgenstein，1889—1951）明确指出：“哲学就是对语言的批判。”哲学研究的任务，就是在澄清语言的意义和用法的同时，揭示语言的客观性和独立性，使哲学研究像自然科学研究一样严格和精确。维特根斯坦写道：“凡能够说的，都能够说清楚；凡不能谈论的，就应该保持沉默。”从中可以看出分析哲学对语言的重视。维特根斯坦尤其反对语言与思维可以分离、语言是思维的载体或“物质外壳”的流行观点，认为语言与思维是形式与内容的关系，没有内容的形式和没有形式的内容都没有意义。语言不是思维的工具，它和思维是一体的。他说：“想象一种语言就是想象一种生活形式。语言游戏这个术语意味着突出了这样一个事实：说出语言就是一种行为的一部分，或者就是一种生活形式的一部分。”

对比之下，欧陆的哲学家则更强调语言对人的存在的本体论意义。语言不是哲学的研究对象，而是哲学得以存在的根据，是人类存在的基础，是支配和决定人类思想的最后因素。海德格尔（M. Heidegger，1889—1966）说过：“存在在思中形成语言。语言是存在之居所。人栖居在语言所筑之居所中。”“在诗的言说中，诗的想象为自己生成了话语。在诗中所说者，即是诗人自己想要阐明的东西。如此道说出来的东西，即是以阐明自己的内容在道说。诗的语言是多侧面的阐说。”他们认为，思想是语言的自我显现，是语言自己在说话，而不是人们在使用语言；相反，是语言利用人们的身体在说话。在说的过程中，身体和工具是载体，而思想则以语言的形式得以显露。

现代西方哲学家之所以如此强调语言的作用，是因为从表达和交流的层面看，思想表达和语言交流的目的是为了让听者理解和接受，而这种理解和接受的对象不是思想而是语言。因此，“抓住了语言就是抓住了思想”。另一方面，语言的结构直接影响着思维的结构。语法和逻辑是思维结构的直接体现。有什么样的语法形式，就会有什么样的思维逻辑和思维模式。语言结构变化，意味着思维结构变化。

语言和行为的关系也是统一的。对语言与行为的关系，当代流行的言语行为理论认为，讲话者说出某种语言，如作出陈述、发出命令、提出问题、作出允诺等，其实质是在实施某种言语行为。奥斯汀（J. Austin，1911—1960）认为，话语的重心不在于传递信息，而在于行动。话语可以分为三种言语行为：①表达性言语行为——传递话语的字面意思；②施为性言语行为——使用话语完成某一功能；③成事性言语行为——由于说话而产生的结果或效应。塞尔（J. R. Searle，1932— ）认为，说出某种语言就是实施言语行为，说话即在行事，意义等于某种行为，语言研究是行为理论的一部分。塞尔把说出一句话语分析成同时实施四种言语行为的过程。这四种言语行为分别是：①发话行为——说出语词、词素或句子；②命题行为——进行指称和断定；③语旨行为——在一定语境中或在一定条件下，怀着一定意图说出某些词、词组或语句；④取效行为——话语在被说出后产生的某种效果或反应。语旨行为又可以进一步分为断言行为、指令行为、承诺行为、表达行为、宣告行为五种。结构主义大师列维—斯特劳斯（Lévi – Straus，1908—2009）认为，亲属关系不仅需要靠生物学关系来维持，而且需要靠语言的反复使用加以巩固。语言是社会和文化的基础因素，语言中呈现的固定结构是社会和文化基本结构的原型。没有语言称呼系统的传承及其连续的沟通过程，就不会使建立起来的亲属关系巩固下来。各种社会关系都要靠语言沟通中的相互确认和共识，才能在社会生活中维持下来。因此，亲属之间的相互语词称呼，构成了实际亲属关系的重要组成部分。他认为，所有使用亲属关系语词系统的个体或群体，由于语词所表达和所指谓的特定关系，行为上受到了语词规定的约束。他说：“亲属语词不仅是某种社会学的存在，而且也是说话的因素。”使用这些语词就等于“做”这些语词规定的关系规则。个体在使用亲属词时，也隐含着实行由亲属关系要求的不同态度，如尊敬或亲近、权利或义务、亲情或敌意等。这些蕴涵在语词意义中的亲属之间不同态度的因素，包含着比语词称呼关系更重要的心理、情感和社会关系因素。它们在保障亲属关系的维持和运作上，起着更为重要的作用，使亲属群体具有一定的凝聚力、稳固性和均衡性。语言使用构成复杂的社会关系和文化创造活动的基础。列维—斯特劳斯的这些看法同恩格斯的观点一致。恩格斯指出："父母、子女、兄弟、姊妹等称谓并不是简单的荣誉称号，而是一种负有完全确定的、异常郑重的相互义务的称呼，这些义务的总和便构成这些民族的社会制度的实质部分。"

语言即思想、行为的看法在古代和近代的先哲们那里也可以找到源头。例如，柏拉图（Plato，约前427—前347）说过："思想就是话语，判断就是说出来的陈述，只不过是在无声地对自己说，而不是大声地对别人说而已。"培根（F. Bacon，1561—1626）认为，心智的成长离不开语言，同时又要警惕语言对认知的影响。他说："人们以为心智指挥语言，但经常有的情况是：语言控制着人们的心智。"笛卡尔（R. Descartes，1596—1650）认为，语言是独立于人类智能之外的能力，语言不但是思维的符号，也是思维存在的直接证明，"我思故我在"。德国语言学家洪堡（Wilhelm von Humbolt，1767—1835）认为，语言是思维的构成工具，语言和思维一体，无法分开。语言是世界观的体现。任何思维都离不开某些普遍的感性形式，语言正是普遍的感性形式之一。从广义上说，语言是与一定的思维片断相联系的"感觉标记"。思维的本质在于思考，即把主体与对象区分开来，而思考行为一开始就与语言不可分割。他认为，语言是人类精神力量的主要表现形式；语言为人类所独有；语言不需要经过长期积累才逐渐成形，它是以完整形式突然出现的；语言的本质是人类精神。因此，不同的语言都是人类精神的不同方式、不同程度的自我显现的结果。语言是精神的创造活动，是"精神的不自主的流射"。在语言与精神的相互关系中，精神是第一性的，是语言的本源和归宿。"语言从精神出发，再反作用于精神。"语言介于人与世界之间。人必须通过自己生成的语言并使用语言去认知世界。语言记录人对世界的看法和存在于世的经验，加之又有自身的组织规律，于是，它逐渐成为一种独立自主的力量，一个相对于使用者的客体；或者说，形成了一种独特的"世界观"。每一种具体语言都是这样一种"世界观"，它源于人，又反作用于人，制约人的思维和行动。洪堡说："语言产生自人类的某种内在的需要，而不是仅仅出自人类维持共同交往的外部需要，语言发生的真正原因在于人类的本性之中。对于人类精神力量的发展，语言是必不可缺的；对于世界观的形成，语言也是必不可缺的，因为，个人只有使自己的思维与他人的、集体的思维建立起清晰明确的联系，才能形成对世界的看法。……语言是普遍的人类力量不断积极地从事活动的领域之一。换言之，精神力量力图把语言完善化的理想变为现实。”主张语言即思想和行为的观点在心理学史上也不乏其人。例如，行为主义的创始人华生（John B. Watson，1878—1958）就认为，思维与语言没有丝毫的不同。思维是无声的语言，人“大声言语中所习得的肌肉习惯也负责进行潜在的或内部的言语（即思想）”。

马克思主义的经典作家也非常重视语言和思维的统一性。马克思和恩格斯指出：“人也具有‘意识’，但人并非一开始就具有‘纯粹的’意识。‘精神’从一开始就很倒霉，注定要受物质的‘纠缠’，物质在这里表现为震动着的空气层、声音，简言之，语言。语言和意识具有同样长久的历史；语言是一种实践的、既为别人而存在并仅仅因此也为我自己存在的、现实的意识。语言也和意识一样，只是由于需要，由于和他人交往的迫切需要才产生的。”维果茨基创造性地发展了马克思和恩格斯的这一思想。他认为，人有两种工具：一种是石刀、石斧乃至现代机器的物质工具，人运用物质工具进行劳动操作，最终脱离了动物界；另一种工具是符号、词乃至语言的精神工具，人运用语言进行心理操作。动物没有也不可能有这种工具，所以心理永远只能停留在低级水平。人有了精神工具，所以心理就发生了质变。他说：“心灵是无法直接交际的，不通过言语或其他符号系统或交际手段的交往，也像在动物界能够观察到的一样，只可能是最原始形式的、范围极为有限的交往。”“建立在理解和转达思想和感受基础上的交际必然要求一定的工具系统。这个工具的原型曾经是，现在仍然是人们在劳动过程中由于交往的需要而产生的语言。”

当代的社会建构理论也重视语言在建构思维中作用。建构是社会的建构，而建构的过程是通过语言完成的。“现实”并非是客观实在，而是社会以话语为媒介的建构物。话语是特定共同体中社会关系和社会存在的呈现，表现为一整套的意义、隐喻、表征或陈述系统。话语本身是同一文化中的“游戏者”共同参与建构的产物；反过来，它又构成一种解释框架或概念背景，为“现实”提供了定义和注解，以此实现对“现实”的建构。因此，语言为个体提供了一个划分经验的范畴和意义系统，并因此生成和建构了个体经验。语言具有“生成性”、“建构性”而不是“反映性”。因此，语言为第一性的存在。语言不是对现实的表征，而是以其自身“构成”现实。与之类似，认知语言学中的隐喻理论认为，人是通过隐喻和转喻认知世界的，而隐喻和转喻都是语言。

在有关语言、思维和行为的理论中，语言关联性假设的贡献最大。语言关联性假设又称为语言决定论或语言相对论。它的产生既受现代西方哲学影响，更受现代西方语言学的影响。例如，洪堡曾经论述了语言在民族生活中的作用。他认为，一个民族所处的生活环境、气候条件、宗教、社会建制、风俗习惯等，在一定程度上都可以跟这个民族脱离开来。然而，语言却是一个民族无论如何也不能舍弃的。语言是一个民族生存所必需的“呼吸”，是它的灵魂之所在。通过一种语言，一个人类群体才得以凝聚成民族，一个民族的特性只有在语言中才能完整地铸刻下来。所以，要想了解一个民族的特性，若不从语言入手必然徒劳无功。对民族进行比较，语言也可以提供非常有用的信息。美国语言学家萨丕尔（E. Sapir，1884—1939）认为，语言不是本能行为而是社会习俗。“言语是一种非本能的，获得的，‘文化的’功能。”语言影响人类关于现实世界概念系统的形成。语言成分是“概念”的符号，语言模式决定思维模式。他说：“正像数学推理非借助一套适当的数学符号不能进行一样，没有语言，思维的产生和日常运用未必更能想象。”语言影响人类生活的各个方面，几乎深入生活的骨髓，用各种眼光去分析、观察，语言都有价值。语言的影响深入到人类的各个角落，通过语言这把钥匙，就可以窥见人类的生活。他说：“事实上，只要我们试一试叫一个印象和另外一个印象在意识上发生关系，就会发现自己默默地说了一连串的词了。思维可能是另一个自然领域，不同于人为的言语，但是就我们所知，言语似乎是通向思维的唯一途径。”“人类并不仅仅生活在客观世界中，也不仅仅像一般人所理解的那样生活在社会活动中，而更大程度地是生活在语言之中，语言已经成为人类社会的表达媒介。如果以为一个人可以不运用语言而使自己基本适应现实，或以为语言仅仅是一种解决特定交际问题或思考的随行工具，那完全是一种错觉。事实是，‘现实世界’在很大程度上是无意识地建立在一个社团的语言习惯基础之上的……我们看到、听到以及通过其他方式获得的体验，大都基于我们社会的语言习惯中预置的某种解释。”

萨丕尔的观点深深地影响了他的学生沃尔夫（B. L. Whorf，1887—1941）。沃尔夫认为，思维的范畴和类型并非自然地存在，而是由语言来组织。不同的语言强调世界的不同方面，这会对认知产生影响。语言并非忠实地反映了现实。语言制约人的行为，经常引人误入歧途。他提出了语言相对论原则：“用通俗的语言来讲，就是使用明显不同语法的人，会因其使用的语法不同而有不同的观察行为，对相似的外在观察行为也会有不同的评价；因此，作为观察者他们是不对等的，也势必会产生某种不同的世界观。这种世界观是相互的、未经概括的。”对语言关联性假设，后人作出了如下概括：“语言决定认知，是思想的塑造者。”这一假设包括两个部分：

（1）语言决定非语言的认知过程。学习一种语言会改变一个人的思想方式。讲不同语言的人对世界会有不同看法。这就是语言决定论。

（2）被决定的认知过程对不同语言而言是不同的。不同语言有不同的决定认知的方式。不同语言的讲话者以不同的方式思考。语言结构有无限的多样性，一种语言系统中编定的范畴类别和区分定义为该语言系统所独有，与其他语言系统中编定的范畴类别和区分定义不同。这就是语言关联性假设。

沃尔夫为他的理论提供了两个方面的证据：①词汇证据：不同语言在不同领域词汇的区分度不同。词汇区分度是指各种语言在某一领域内词汇的数目。一个区分度高的领域有更多的词来描述更为细微的差异。有的语言在某些领域有更多的区别性的词，在另一些领域则不很多。如果一种语言在某一领域有更多的区别性的词，那么，讲这种语言的文化在此领域就有更细微的概念。②语法证据：不同语言的语法也存在很大差异：首先，不同语言对时间性的强调不同。其次，不同语言使用词序或形态表达意义的程度不同。最后，不同语言对形状和物质的重视程度不同。

语言关联性假设提出后，遭到了许多批评。但它提出语言与认知的关系却引起研究者的广泛关注。特别是认知心理学、心理语言学和认知神经科学兴起后，语言关联性假设又出现了复兴。问题是，如何界定语言关联性假设？语言影响认知究竟意味着什么？目前，有三种不同的版本：①强式：语言决定思维。②弱式：语言影响知觉。③最弱式：语言影响记忆。大量的研究表明，语言影响颜色知觉、空间知觉、时间知觉、典型性判断、数学认知和社会认知的诸多方面。语言不仅影响记忆，还影响知觉，甚至影响思维。关于语言影响认知的观点，我们在许多地方都论证过，并提供了诸多的证据，这里仅谈一下语言影响思维和如何影响思维，即强式的语言关联性假设。

首先，语言影响概念表征。概念是思维的基本单位。语言的符号化水平影响着概念的抽象概括程度和分析的深刻程度。例如，在我国摩梭人的语言中，词汇量缺乏，缺少上属概念名称和下属概念名称，这必然会影响到摩梭人的思维的抽象概括程度和深刻程度。其次，语言影响概念联系。我们的研究表明，摩梭人的语言和聋哑人的手势语都对语言使用者的概念联系产生了影响。摩梭人和聋哑人的分类学概念中上下位概念联系比汉语讲话者弱，摩梭人和聋哑人的分类学概念具有形象化的倾向。最后，语言影响概念结构。例如，我们的研究表明，讲不同语言的人的颜色词、空间词、称呼语、亲属词的概念结构不同，有着不同的语义空间的维度。思维的基础是概念。既然语言影响概念表征、概念联系和概念结构，那么，语言影响思维就是不言而喻的了。

在《语言如何影响人们的思维》(《自然辩证法通讯》2009年第4期)一文中，我们指出了语言影响思维的一些机制：①语言表达会强迫人们以不同的方式组织信息，语言会强迫人们以不同的方式记忆所经历的事件；②语义表征的差异可能影响到概念表征；③抽象符号促进高级认知的发展；④语言为人们提供了整合各种信息的工具。语言的最典型特征就是可合并性：一旦人掌握了词的意义和把词组合成句子的规则，他就可以进行各种各样的合并，从而创造出新的意义表征。

既然语言如此重要，那么，语言心理研究理应成为心理学研究的重要内容。心理语言学理应成为心理学的最重要的分支之一。所以，改革开放以来，语言心理研究特别是汉字认知研究在我国心理学界成为一门显学，取得了大量的研究成果，丰富了心理语言学的理论宝库。进入21世纪以后，语言心理研究进入了相对平稳的时期，但仍然是我国心理学研究的重点领域。我个人觉得，在一个相对平稳的时期以后，一个新的高潮就会出现。就目前的情形而言，下述研究领域仍然是最富有希望的方向：

(1) 研究不同语言的认知过程和影响因素。世界上存在着种类众多的语言，一说为七千多种，一说为五千多种，一说为两千多种。不同语言有不同的符号表征，有不同的词汇和语法，研究不同语言的认知过程和影响因素，既可以丰富心理语言学的理论，又可以为不同语言的学习者和使用者提供启示，在理论上和实践上都具有重要价值。

(2) 研究不同语言的心理表征和脑机制，包括双语和多语者的语言表征和脑机制。特别是，我国是一个多民族国家，许多民族都有自己的语言。这些语言之间在语音、词汇、语法方面各不相同，其心理表征和脑机制也有差异。另外，随着社会交往的扩大，双语者乃至多语者不断增多，研究双语者或多语者的语言表征和获得机制也是非常具有产生性的研究领域。即使在汉语共同体内部，还有许多既能讲普通话又能讲方言的人。他们也是一种特殊的双语者。双言者的语言表征和语言联系也具有重要的研究价值。

(3) 研究语言对认知和行为的影响。近年来，在国内外大量研究和我们自己的研究的基础上，我们提出了“新版的语言关联性假设”：语言塑造大脑，语言影响认知，语言构建民族。我们认为，语言影响认知主要表现在下述方面：①语言影响认知方式，即习惯的思考模式；②语言影响认知途径和过程；③语言影响认知策略；④语言影响认知过程的难易；⑤语言影响认知结果。这其中的每一个方面都值得我们深入地进行探讨。

正是在上述思想指引下，我们进行了大量的实证方面的研究。在本丛书中，每一部著作都指向了一个具体的研究领域。这其中，既有汉字认知方面的研究，如对义符在汉字认知中的作用的探讨，对汉字错误记忆特点的探寻；有对纳西东巴文认知机制的研究，对图画和汉字认知关系的比较；有对反语、空间词和管教用语的研究；有对双语者语言表征的研究；还有对青少年聋生概念结构的探讨。这些研究成果都体现了一个主题：语言影响人的思想和行为。本丛书的大多数成果都在国内外的心理学权威杂志上发表过，虽然尚存在着诸多不足，但对今后的研究还是会提供一些有益的启示，至少会产生抛砖引玉的作用。

心理学兼具自然科学和社会科学的双重性质，心理语言学就更是如此，它与不同的语言和文化交织在一起。在社会科学的研究中，只有民族的，才是世界的。语言是构成民族的最基本的要件。由于语言和思想、行为密不可分，所以，要了解中国人的心理，建立有中国特色的心理学，就应该从研究中国人的语言入手。我们课题组有一个口号："中国人，中国文，中国字，中国心。民族而不本土，强调共性而不忽视差异。"我相信，沿着这一思路探索下去，肯定是一个非常有希望的方向。

张积家

2010 年 8 月 10 日于广州励耘书屋

目录

第一章
导论

第一节　义符的相关语义学知识

义符是汉字的一道特殊风景线。汉字中，以形声字居多。据统计，在许慎的《说文解字》中，形声字就占 80% 以上。现代汉字中，形声字占 90% 左右，常见 7 000 字中，形声字占 81%（Li & Kang，1993）。一般来说，形声字由音符（声旁）和义符（形旁）构成。音符为整字提供读音线索，义符则解释整字的语义（Fang，Horng & Tzeng，1986）。汉字并非符号的任意堆积，而是一个系统，“它的各项要素都有连带关系，而且其中每项要素的价值都只是因为有其他各项要素同时存在的结果”（唐兰，1934）。因而，汉字研究既要关注整体加工的性质，也要关注构成汉字的各要素的性质以及要素之间的关系。长期以来，义符作为汉字的重要“一半”吸引了诸多研究者的关注，成为汉字研究中不可或缺的内容。音符提供的语音线索很低，只有 26. 3% 的音符读音与整字一致，义符的表义度则要高得多（Fan，Gao & Ao，1984）。义符不仅为汉字性质的研究提供了重要素材，也为考察汉字的认知加工提供了素材。因此，汉字教学一直以来都重视义符的作用。无论在语言学领域，还是在心理学领域，义符研究都取得了许多重要研究成果。

一、义符与部首、偏旁的关系

义符，又称意符、形符、形旁，是与被构字意义上有联系的部件。义符的本义不难理解。但在实际使用中，人们往往将义符与偏旁、部首等概念混淆。因此，有必要将义符与偏旁和部首的概念加以区分。

汉字是表意体系的文字，根据汉字形体偏旁的不同，可以将汉字分为若干部类，在同一部类中，把笔形最简单、表义最典型的一个字作为领头的字，这个领头的字在习惯上被称为部首。部首的概念由东汉人许慎首先提出。在《说文解字》一书中，许慎独创了以540部首统率各部字的字书编排方式，将9 353个汉字分别归入各部中。该书刊印于东汉安帝建光元年，是中国第一部系统地分析字形和考究字源的字书，也是世界上最早的字书之一。这一部首编排方式后来被长期因袭，如晋代吕忱的《字林》、北魏阳承庆的《字统》、梁顾王的《玉篇》等，基本上都是根据《说文》中的部首分法编排的。部首的分析不仅使字形的对比趋于精密合理，而且在处理复杂而众多的字形现象时也起到了以简驭繁的作用。但是，早期部首的分法存在过多、过细的缺点，后期逐渐进行了简化。《现代汉语词典》中收录的部首共189部，新版《辞海》则设为250部。

而对于“偏旁”，人们通常将“偏旁”与“部首”两词合称为“偏旁部首”，认为它们是一码事，这其实是不对的。偏旁的概念是从汉字结构的传统学说中引申而来的。人们把合体字的组成单位叫作“偏旁”，用“偏旁”的概念来解释“独体字”和“合体字”。不能分出偏旁的是独体字，由偏旁和偏旁组合而成的是合体字。例如，“取”的偏旁是“耳”和“又”；“砍”的偏旁是“石”和“欠”。而“耳”、“又”、“石”、“欠”却分不出偏旁。每个合体字都由两个以上（包括两个）的偏旁构成。有的偏旁跟字的意义有联系，叫形旁；有的偏旁跟字的读音有联系，叫声旁。偏旁与部首有密切联系，除少数单笔的字以外，部首都属于偏旁。但部首和偏旁也存在差异，部首主要是针对字典收字归类编排的部首字而言，偏旁则是针对某一具体的合体字的字形结构而言。部首的数量少于偏旁。部首中，除少数单笔的以外，都可以作偏旁，而不少可以作偏旁的独体字（如与、也）和大量的合体字（如相、哥）却不能作部首。可见，偏旁和部首的概念是针对汉字结构本身而言的（左民安、王尽忠，2005）。

义符与部首和偏旁之间有同也有异。关于义符与部首之间的关系，王力（1981）主编的《古代汉语》中曾经有过一段精辟论述：“意符对声符而言，部首对所统属的各个字而言。由于形声字的意符同时又是形体结构上的偏旁，所以原则上意符都可以作为部首，但是部首不一定都是形声字的意符。这理由很简单，一则因为部首所统属的字不一定都是形声字，例如贝部的‘负’、‘赘’、‘质’等字，言部的‘计’、‘讨’、‘设’等字；二则因为有些部首本身就不是形声字的意符，例如部首‘冓’、‘放’等等，在这类部首下，没有一个形声字。但是从《说文》全书来看，形声字占总字数的80%以上，在绝大多数情况下，我们可以说，部首就是意符。”关于义符与偏旁的关系，也要注意区分（潘自由，1997；左民安等，2005）。义符都是偏旁，但是偏旁不一定都是义符。如“类”字，上面的“米”和下面的“大”，都是偏旁，也都是部首，但它们都不是义符，而只是一般的构字部件，“类”字是由其繁体字“類”简化而来的。

已往的许多语言学研究者认为，义符的表义作用有限。理由主要有三：①多数义符在合体字中起表义作用时只能表示一个大致的类别或大致与什么有关的意思。例如，看见义符是“鸟”的字“鸠”、“鹉”，只能大概知道是一种鸟，却不能确切地知道是什么样的鸟。②有的义符所表达的意思是根据造字之初人们的思想认识而来的。例如，“奸”、“妄”、“婪”等字，之所以拿“女”来表义，与封建社会蔑视妇女的错误思想有关。③在汉字发展的过程中，由于形体不断改变，意义又有通假，义符的表义作用就受到限制。如“圣”、“对”、“欢”、“艰”等字中的部首“又”都是由其他字形变来的，这里的“又”都没有本义“手”的意思，只能算是一般的构字部件。又如学校的“校”，校对的“校”，这里的“校”用的都是假借义，字虽从“木”，但与“木”的本义无关。因此，他们认为，当强调义符表义作用时，也不能忽略义符表义作用的局限性。尽管如此，无论从义符的演变历史，还是义符的表义率来看，义符从古至今仍然在汉语中扮演着重要的角色。

二、义符的演变历史

义符的出现与形声字的发展存在着必然联系。汉字有5 000年的历史。在公元前3000年，就开始创造了象形字，又创造了指事字；而后，在两种单体字的基础上，创造出合体字、会意字和形声字。在指事字、会意字产生的同时，可能就产生了假借字。同音假借字加上义符或本字和假借字加上义符，都称为形声字。至约公元前1600年殷周时，形声字已占汉字总数的20%。到战国初年，形声字有了突飞猛进的发展。形声字原来两旁结构混乱，到秦代，李斯统一文字，使义符和声符固定下来。隶变后，汉字成为方块字，形声字数量剧增，并成为主要形式。到秦末，形声字已占汉字总数的50%。义符在此时已经占据重要地位。

早期的汉字，绘形的依据是事物的具体形象，这决定了汉字形体的不稳定。如甲骨文中，表示“人”的字的形体或有头或无头，或有足或无足，或坐或跪或站，“逆”字或从“止”或从“彳”。这主要是因为汉字构形时虽然面对的是物象，但字形对物象的描绘不可能像素描一样全面逼真。因此，当时汉字存在两个问题：一是书写费时；二是释读困难。决定汉字形体根本性改变的是形体表现的对象由物象变为词的音义，由于不表现物象，形体的象形也就失去了意义。因此，字形可由费时不便的描画变为方便快捷的书写。但由于汉字是记录语言的书面符号，只能渐变，所以这一过程所用的时间相对较长，经历了象形、亚象形到音义符号的过程。从金文到战国文字，部分字的形体虽然仍是象形的体态，但与所表示的物象本身已有较大的差异，实际上已成了假象形。小篆也是如此，直到隶变才彻底去除象形的痕迹。

古今汉字的形体变化是渐变，是描画向书写的变化，所以古今形体间有对应关系，现代汉字仍然是以固定的形体表示固定的音义。因此，古今汉字的转换是汉字字形由表示物象（象形）到表示词的音义的转换，而不是表示物象（象形）到什么也不表示的记号转换，是由原来物象的符号变成了音义的符号，也就是由形符变成了义符或音符，而不是由形符变成了记号（王贵元，2005）。由此，具有表义功能的义符构件才伴随着早期形声字的出现而出现。自汉代始，就有学者针对汉字构造提出了“意符”的概念。总的来看，虽然与最早的形声字相比，义符的表义作用随着汉字字形的不断抽象、借用而有所减弱，但作为表意文字，义符仍然是汉字由形达义的重要载体，其作用不可小觑。

自近现代起，西方的语言学理论开始传入中国，给汉字研究提供了有力的理论武器，形声字的研究也取得了较大的发展，其中不乏对于义符的研究。例如，陈兆年在1936—1937年间发表了《形声缘起》、《形声释例》和《形声字之字义与形旁之关系》，甄尚灵在1942—1944年间发表了《说文形声字分析》、《论汉字意符之范围》和《论形声字意符之部位》，表明在当时已经出现了较为系统的义符研究（李国英，1996b）。在1949年以后，尤其是改革开放以来，汉字研究出现了繁荣景象。研究者多从质的角度和统计分析方法上去关注义符的表意性、义符的表义率以及义符的构字频度等问题。

三、义符的表义率

从20世纪90年代初，一些学者就开始研究义符的表义功能，以及它们在汉字词认知中的作用。已有很多学者对形声字表义功能进行了各种研究，得出了关于形旁表义率的数据。费锦昌、孙曼均（1988）对形声字形旁表义的总体进行了分析。他们先将形旁对该字表义度值定为0～10分，凡形旁义跟整字义相符或基本相关的表义赋值为10分，如“洋”字的形旁“氵”，其表义值为10分。凡形旁义跟整字义不相关的，表义值就是0分。如“淑”的形旁“氵”，表义值为0分。形旁义跟整字义虽然没有直接联系，但确系形旁义引申发展而来的，定为半表义，半表义值为5分，如泥的形旁“氵”，泥本是尘土和水拌和而成的，与水有关联，但有些泥状物，如印泥、橡胶泥又不一定与水有关联。因此，“泥”字的形旁表义值为0.5。文武（1987）根据形旁义与语素义联系程度的不同将形声字分为六个类型，采用模糊数学方法确定各自的预示力（形旁预示字义的能力），根据这种标准，分析4 000个形声字形旁的预示力，求平均数得出形旁预示力约为0.51。施正宇（1992）对3 500个现代汉语常用字中2 522个形声字的义符的测查表明，现代形声字义符的有效表义率为83%。李燕、康加深（1993）从形符义和整字义是否相关的角度进行统计也发现，形符义和整字义的相关度高达85.92%。

李国英（1996b）从义符与声符的分工情况对高频义符进行了考察。结果发现，在72个高频义符中，有19个义符不作声符，占26.38%；有11个义符作声符时构字量为1，占15.28%；有7个义符作声符时构字量为2，占9.72%。这37个高频义符，作声符时的累计构字量只有25个，占8 233个形声字总数的0.3%，而作义符时的累计构字量为3 901个，占形声字总数的47.38%。全部72个高频义符作声符时的累计构字量也只有253个，占形声字总数的3.07%。而作义符时的累计构字量高达7 151个，占形声字总数的86.86%。统计表明，尽管多数义符也能作声符，但是，高频义符有单一化趋势，它们以充当义符为主要功能。

总的来看，目前，较为公认的义符平均表义率为40%～50%（邵敬敏，2001）。但是，如果从形旁与意义相关这一角度来分析，80%以上的形声字的形旁与意义有一定的联系（陈宝国、彭聃龄，2001）。这方面研究见于对义符种类及其与整字关系的探讨。

四、义符的种类

部首的分类，历来有“文字学原则”和“检字法原则”两种分类方法（左民安等，2005）。所谓“文字学原则”，是以字义为主兼顾字形的分类原则。比如“夕”字，《说文》：“夕，莫（暮）也。从月半见。凡夕之属皆从夕。”“角”字，《说文》：“角，兽角也。象形凡角之属皆从角。”《说文》在诠释和分析了“夕”、“角”的义、形之后，就标上一句“凡某之属皆从某”的话，这句话成了《说文》部首字的标记，体现了“共理相贯”的文字学原则。

所谓“检字法原则”，是以字形为主兼顾字义的分类原则，这种分类主要为了便于检字，比如“易”字，《说文》认为“易”字本为蜥蜴的象形字，其上部的“日”就是蜥蜴的头形，所以将“易”字单立一部。但是《辞海》、

《新华字典》等工具则删去了“易”部，将“易”这个部首字归于“日”部。“日”在词义上与蜥蜴毫不相干，只是为了查字的方便而已。虽然原则上，义符都可以作为部首，但义符并不等同于部首。所以现有专门针对义符的分类主要遵循的都是文字学原则，即从义符指代的意义上进行分类。

很多研究者注意到义符与物类之间的密切联系，并将义符所指代的物类进行了详细分类。濮茅左（2000）认为，在商代甲骨文中，就已经存在相对固定的以同类义符为基础的宽符号系统，这一系统反映了我国最早的事物分类的痕迹。他将同类义符归纳为“人体类”、“植物类”、“动物类”、“器皿类”、“建筑类”和“其他类”。赵诚（1993）将甲骨文的形体分为两类，一类是形符，一类是声符，形符的功能可以进一步区分为象形性、示意性、类别性、关系性和文饰性。元代戴侗在他的《六书故》中，把与义符有密切关系的部首，按照物类分成 9 类。王力（1981）的《古代汉语》根据物类把部首分成 21 类。李国英（1996a）的《小篆形声字研究》把形声字的义符分为人和物两大类，物类又分为自然物和人造物。自然物可分为动物、植物、矿物、天象、地文等几类；人造物可分为衣物、食物、住所、器具等几类。每大类中又分若干小类。陈枫（2003）也指出，义符表意范畴的大小和划分，与义符代表的事物有密切关系。但是，义符不能等同于事物的分类。义符和物类的差别首先在于它们分属两个不同范畴。物类是经过对事物本质属性和特点的分析，通过逻辑判断，把具有相同性质和特点的事物划分到一起。而义符是汉字的构形部件，在汉字结构中起提示、区别意义的作用。因此汉字构形选择义符时，并不要求与字义表示的事物同类，只要求与构成字的意义相关。例如，“疣”是一种皮肤病，指长在手背、头部等处的黑褐色肉赘。从疣的性质判断，可选择“疒”作义符。从疣的质料上考虑，可选择“尤”作义符。小篆的“肬”就用“月”作义符。汉字构形选择义符时，不只限于性质特征的判断，更多的是通过联想、隐喻来类比，从不同方面寻求构形的例字。因此，义符与物类存在很大差别。其次，义符受字形限制，无法将所有物类用形体表现出来。虽然物类是义符表意系统形成的依据，但义符本身的性质、特点、构形、功用决定了它不同于物类。

五、义符与整字意义的关系

自 20 世纪 80 年代起，形声字构件的功能开始获得了深入、细致的探讨。李国英（1996a）认为，义符具有示意与类化的功能，声符具有示源与示音的功能。形声字的区别手段是在义符与声符的组合中实现的：同声者以义别，同义者以声别，同类者以源别，同源者以类别。义符的区别功能是指在同一声符组合成的形声字中，不同的义符使形声字的形体产生差异，因而把它们的记词功能相互区别开来。王宁（2001）认为，形声字靠表示义类的义符和提示声音的声符构成。能够与意义相联系的是义符，声符只提示字的读音，帮助人们找到该字记录的词。也有的研究者通过“右文说”来厘清义符与声符的表义特性的差异。“右文说”是宋代学者王圣美对汉字形声字“声中兼义”现象加以概括而形成的一种学说。多数学者认为，“右文说”有两个要点：①形声字的义符表类，声符表义；②声符相同的一组字，都具有共同的意义（苏振华，2009；党怀兴，2007）。

向多林（1987）根据形符在形声字中的表意功能，把形符分成标类形符（表明事物类别作用的形符）、相关形符（形符之义在形声字中只与形声字的本义相关，并不起标明事物类别的作用）、比况形符（在形声字中起表比喻意义作用的形符）和标义形符（形符的意义就等于形声字本义）四大类。施正宇（1994）分析了2 500个常用汉字中167个形符的表义特点。根据形符表义的直接性，将表义按照不同的等级划分为直接表义、间接表义和不表义三种情况。形符与由该形符构成的形声字之间具有“见字而知义类”的关系，称直接表义。例如，用“艹”作形符的汉字：“草”、“莲”、“菇”指植物与农作物；“芽”、“茎”表示植物的组成部分；“芬”、“芳”形容植物散发的气味；“荒”、“萌”描述植物的生长状态与生长行为；“芯”指草制品，这些均属于直接表义的类别。形符意义与所构成的形声字的意义之间不存在直接的联系，但形符可以通过某一中介对形声字意义有所提示，可称为间接表义形符。例如，用“纟（糸）”作形符的形声字应该都与丝织物有关，“纸”虽然不是丝织物，但“丝”与“纸”的原料“纤维”有联系，因而引起关于“纸”的意义的联想。无论直接表义还是间接表义，都可以看成是有效表义。形符与形声字之间不存在任何直接的或间接的意义联系，如“艹”与“笑”，“虫”与“闽”等，称作不表义。

李国英（1996b）认为，义符示意有三种类型：①义符与形声字为同义关系，此类义符称作同义性义符，如“船”、“黝”、“眼”等字。这一类义符与形声字的意义关系最为密切，但缺乏概括性，难以通过类化而形成构形系统。因此，这一类义符的数量极少，是一种特殊现象。②义符是形声字的上位概念，此类义符称为类别性义符，如“桃”、“李”、“梅”、“杨”等字。这一类义符提示的实质是形声字所记词的类义素。类义素不仅能够大大地提高义符的类化程度，而且会使义符系统与词的义类、义场形成系统的对应关系，此为最理想的义符示意方式，在义符中也占有很大比例。③义符是形声字所表词的特征标记，此类义符称作标记性义符，它又可以分为多种情况：一是用形状、行为主体作为标记，如“群”、“驰”、“精”、“细”等。二是用行为工具作为标记，如“输”、“剖”、“耕”、“戳”等。三是用物品材料作为标记，如“桌”、“磨”、“镰”、“钟”等。第三类标记性义符与形声字的关系在很大程度上带有民族文化的特异性，如“群”以“羊”为义符，“精”以“米”为义符等，都不属于必然的、唯一的联系，而是受特殊的文化生活、文化心理制约的。义符与形声字的意义关系具有较大的不确定性，只是类别性义符的一种补充手段。

丁秀菊（2004）认为，义符的意义大致规定了所属字的义类和类别。例如，从“足”字多与脚有关，从“手”字多与手有关；从“草”、从“木”多与植物有关；从“虫”、从“鱼”多与动物有关，从“金”多与金属有关。一个部类也是一个义场，就是一个相对封闭的意义圈。王贵元（2005）以《现代汉语通用字表》中的7 000个字为材料，对义符进行了系统分析。根据义符意义与整字意义的关系，将义符的表义类型分为11种：①同义关系：义符与被构字同义，如“爸”和“肌”；②种属关系：义符表示属，被构字表示种，如“说”和“论”；③整体与部分的关系：义符表示整体，被构字表示部分，如“奶”和“软”；④人、物与动作的关系：义符表示人、物，被构字表示动作，如“佃”和“吐”；⑤人、物与其状态的关系：义符表示人、物，被构字表示状态，如“汹”（水向上翻腾）和“沧”（水青绿色）；⑥物体与所用材料的关系：义符表示材料，被构字表示物体，如“纨”、“杖”（拐杖）、“锣”；⑦动作与其所用材料的关系：义符表示材料，被构字表示动作，如“锢”和“纫”；⑧动作与动作对象的关系：义符表示动作对象，被构字表示动作，如“汲”、“铸”；⑨状态与表示物的关系：义符为表示物，被构字表示状态，如“纤”和“粘”；⑩状态与处所的关系：义符表示处所，被构字表示状态，如“沉”（在水里往下落）和“没”（人或物沉下）；⑪动作与处所的关系：义符表示处所，被构字表示状态，如“渡”（通过江河）和“涉”（徒步过水）。张翔（2010）考查了现代汉字的7 000个通用字，按照形声字与义符的关系将形声字义符的表义功能进行分类，分为种属关系、事物与事物所发出的动作关系、事物与事物状态的关系、同义关系、物品与其所用材料的关系、动作与所凭借的工具的关系、整体与部分的关系、事物与其所造成状态的关系、产生与被产生的关系、动作与动作对象的关系以及其他的类型。

总的来看，向多林（1987）和施正宇（1994）的分类较为概括；王贵元（2005）和张翔（2010）的分类比较细致；而李国英（1996b）的分类则比较系统，既具有概括性，能够提纲挈领，不过于繁杂，又体现了一种层次性，能够较好地反映义符表义的类型和本质。

第二节 词汇通达与语义表征模型

当前，专门针对汉字义符的心理学研究仍然较少。义符的作用主要在于两方面，首先是义符作为汉字形声字的构件之一在词形通达中的作用，其次是义符在汉字词的语义表征和提取中的作用。因此，要了解义符的作用，有必要先对有关词汇通达、语义表征与提取的模型进行介绍。

一、词汇通达模型

大量研究证明，意义和语法在心理词汇组织中起重要作用。对常见语误的语料分析表明，人们常会将当前的词汇朗读成或再认成与之相关或有联系的词。如看到“干”说成“湿”，看到“苹果”念成“水果”等。词汇联想实验也发现，被试最容易联想的是语义相似的词，如“针”容易使人联想到“线”，或者和目标词语法分类相同的词，如“锤子”引起“钉子”，“跑”引起动词“跳”等。那么，人们究竟如何获得词汇？在词汇通达过程中，语义如何起作用？按照词汇搜索词项是否逐个依序进行，可将现有的词汇通达模型分为两类：串行检索模型和并行检索模型。

（一）串行检索模型

该模型最早由 Foster（1978）提出（桂诗春，2000）。它将心理词汇比作一个图书馆，一个词就像一本书，只能放在这个图书馆的一个地方，但是它的位置可以从不同索引目录中找到。这些索引目录又叫作“提取档”，共有三个“提取档”：供辨认书面文字的整字正字法的“提取档”、供辨认口语的语音的“提取档”、供辨认意义的语义和句法的“提取档”。词汇主要通过这三个“提取档”被检索。这些提取档一次限用一条。也就是说，每次只能使用一种方式。如果我们听到一个词的同时又读到这个词，读这个词的时间并不会缩短。

当一个词通过视觉或听觉呈现时，根据词开始的字母或声音，可以建立这个词的完整表征，并在“提取档”中被激活。一旦获得了该词的“提取码”，找到这个词的位置后，就可以到“主档”找出该词的各项特征。这里“主档”指的是心理词汇。所以，Foster 的模型是一个两级模型，就好比一个人已经知道一本书在图书馆的哪一部分，但他仍然需要找出这本书放在哪个具体的书架上。在心理词汇的“主档”中，一个词的条目包括了它所有的语言信息（意义、拼写、发音、词性、句法、语用等）。

主档中有很多储存单位，Foster形象地称之为“箱子”。在“箱子”里，最常用的条目放在最上面，就像我们会把最常用的书放在一叠书的上面一样。该模型还指出，当一个词被提取后，它还要和输入相对照。如果对照正确，搜索就停止；如果不正确，则可能需要重新搜索，或直接将这个词定为非法词。这一模型能很好地解释词频效应和词汇效应。因为高频词比低频词更常用，搜索时间更短，所以高频词的提取速度比低频词更快。因为符合正字法的假词需要更详尽的搜索，所以假词的辨认时间比真词长。

Foster早期的串行检索模型不能很好地解释语义启动效应和语境效应。Becker（1979）后期对这一模型进行了修正。他指出，相关的词在“主档”中互相联系，提取一个词时，系统将生成一个可能出现的词表。该词表中的词比原来“主档”中的词联系更紧密，因此辨认有语境的词比无语境的快。但这一模型仍然不能很好地解释互无联系的词中出现的语境效应。

（二）并行提取模型

这种模型认为，一个词的知觉输入不仅可以直接激活这个词，而且多个词也可被并行地激活。也就是说，几个潜在的候补词可能同时被激活。最后，与输入词共享特征的词被选定。并行激活模型又有三种，最早的是Morton（1969）的词汇发生模型，后来又出现了McClelland和Rumelhart（1988）的连接主义模型和Marslen－Wilson（1990）的交股模型。

1. 词汇发生模型

这一模型的基本观点是：词的提取并非靠它在心理词汇中的位置，而是靠它激活到一定阈限的程度。Morton（1969）认为，每个词（或者词素）都有它的logogen（词汇发生器）。它的功能相当于一个记分板，记录与需要通达的词的知觉刺激共享特征的数目。这些知觉特征包括正字法、语音的特征，各种特征输入累加后，共享特征数最多的词被提取。

与串行检索模型不同，在Morton的模型中，各种方式的输入可以累加，同时发生作用。不同知觉通道的输入平行运作，相互竞争，最后提取出正确的词。词汇发生系统根据候补词和输入词共享特征的数目计算出其相对频率，相对频率最高的“胜出”。当某个词汇发生器被激活后，其他词汇发生器将恢复为禁止状态，特征计数器重新归零，准备处理另一个词。词汇发生模型可以解释频率效应。词汇发生器每被激活一次，阈限就会降低，而高频词在词汇发生器中被激活次数多，因此辨认阈限相对低。该模型也能解释启动效应，由于认知系统与词汇发生器相连，虽然词汇发生器本身没有词的语义信息或其他相关信息，但认知系统可以向它提供信息。与目标词有关的启动词的词汇发生器可将特征累加，从而降低目标词的辨认阈限。这一模型还能解释语境效应。语境信息增加了词汇发生器的特征数目，从而降低了相同语境词的辨认阈限。这里语境的信息既包括词汇范围内的“局部性”语境，也包括其他无明显词汇关联的“非语言”语境。

需要指出的是，早期，Morton 提出的模型认为，各个输入通道的作用可以叠加，一个词的听觉显示可以启动同一个词或相关词的视觉显示，但实际并非如此。因此，后期，Morton 等人修正了这一模型，在原有模型基础上，对不同知觉通道之间的启动进行了限制。

2. 连接主义模型

连接主义模型由 McClelland 和 Rumelhart（1988）提出。该模型认为，词汇提取是在一个类似“神经网络”的系统中进行的，其中包括了节点和节点之间的连接。网络中有三种节点：①处理听觉或视觉刺激的输入节点；②决定反应的输出节点；③当我们听到或看到一个词后进行内部加工的隐藏节点。隐藏节点在词汇加工中起中心作用。

和词汇发生模型一样，该模型认为，词汇通达也应该遵循以下几条原则：①词项是直接提取的；②几个候补词同时被激活；③许多类型的信息都可以用来提取目标词。但是，连接主义模型在定义认知和语言结构方面更为鲜明。隐藏节点的每一个功能层面表示了词的不同方面——它的视觉的、正字法的、语音的、语义的性质等。词汇加工先是在特征层面上译解原始的知觉输入，所激活的节点再激活具有相同特征的字母，然后又激活共享这些字母的词。当同一层面的连接受到抑制时，层面之间的连接就会兴奋起来。这就使低层次的单位可以进入高层次的单位（例如在词单位被激活之前必须首先激活字母特征），但是同一层面的单位在辨认某一刺激时，却必须互相竞争，以争取被激活。一旦某一特征达到阈限，它就会抑制其他相同单位的激活。

连接主义模型像词汇发生模型一样对待频率效应——词汇单位使用得越多，激活阈限就越低。启动和语境效应也可用同样的方法来解释。当一个节点或连接受到激活，激活就会向各个方向扩散，使在视觉、语音、语义和目标词共享的表征上得以递增。

3. 交股模型

该模型与词汇发生模型对词汇通达的基本假说一致，但它主要用以解释听觉词汇辨认。Marslen - Wilson 等（1990）提出，当我们听到一个词时，它所有的语音邻居都会被激活。所以，当听到一个未完成的句子时，所有可能的候补词都会被激活。这些词的集合可以称为“词的起始交股”，此时被激活的词会比目标词多，这是第一步。第二步是快速辨认，大概在词开始的200～300ms内就被辨认出来。最后是高度有效地辨认词，听者对一个词的辨认点（和其他候补词区别开来的关键点）十分敏感。

在词汇发生模型中，激活可能是零碎的。一些词的发生器只是部分地被激活，但在交股模型中，词或者被完整激活，或者完全不被激活。所有的候补词首先都被知觉完全激活，然后才逐步排除。排除方式有两种：一种通过句子语境将开始的交股缩小；另一种是随着语音信息的增加，把不合适的候补词排除。

交股模型当初很强调听辨的词和词汇中的语音表征完全匹配。后来发现，一些发音错误的词即使声音被遮挡，也能被正确辨认。因此，后期，Marslen－Wilson修正了他们的模型，让系统自己选择输入词的最佳匹配。这一后期的修正使词汇提取对起始交股的依赖减少。在前期模型中，如果一个词没有进入第一股，就不可能被选中，而根据后期模型，只要词与听觉刺激共享足够的特征，也可能被选中。

与词汇发生模型和连接主义模型相同，交股模型也主张多个候补词并行地被激活，不同的是，交股模型认为，候补词在听觉输入依序进行时逐步被缩小。

总的来说，当前所有的词汇通达模型都认为在词汇通道的起始阶段激活了几个候补词。但由于心理词汇体积庞大，而实际的词汇通达中，词汇辨认效率极高，因此，词的辨认必须在整个心理词汇严格进行串行搜索的假设已经逐渐被并行激活模型取代。目前，对词汇被激活过程的基本共识是：激活的层面是分级并行的，激活量的大小决定了最后哪个候补词被选中。

二、语义表征模型

义符是表征语义的。因此，义符加工必然涉及语义提取。词义如何组织？早期模型大多是把特征看成意义的基本成分，这方面的模型包括：

（一）分层网络模型

该模型由Collins和Quillian（1969，1970）提出。在这个模型中，语义是由许多相互联结的节点组成的网状结构。每个节点代表一个概念。概念的所有特征都存储在与这个概念相对应的节点上。概念在心理词典中的组织具有类似“金字塔”式的结构，在顶部是一些覆盖面较广、上属的概念（如动物），而在底部则是更为具体的下属概念（如鲨鱼、金丝鸟），居中的是基本水平概念，如鸟、鱼、大象等。

语义网络模型十分强调认知经济。由于一个上属概念都明显地具有范畴的特征，再加上它自己的一些特征，因此在语义分层网络中，为了节省空间，上属概念的特征都保存在上属概念的节点里，下属概念只保存这一概念特有的特征。如鸟和鱼，都是动物，都有动物特征——有皮，能够移动、吃东西和呼吸。但是，在鸟和鱼的节点里，没有重复这些特征。

该模型中，Collins 和 Quillian 还提出了“语义距离效应”，即在检验特征属性的作业中，两个语义概念之间语义特征的相近程度是由这两个概念之间特征节点的多少决定的。节点越多，语义距离越远，语义特征相似程度越低。正因为如此，被试在决定范畴成员的任务中，判断“金丝鸟是动物”比“金丝鸟是鸟”需要更多时间，而在判断特征属性的任务中，判断“鸵鸟有羽毛”比判断“鸵鸟有皮肤”需要更多时间。此外，他们还提出了“范畴大小效应”（category size effect）。范畴越大，检索所需的时间越长。

语义组织的分层网络模型也受到了来自几方面的批评：①分层过细。这使得该模型只适应于一些具体分类的范畴，如动物、房子、家具等。②Collins 与 Quillian 所得到的结果可以有不同解释。例如他们认为有语义距离效应的存在，所以动物有移动和有耳朵的特征，而移动的语义距离比有耳朵的近。但是 Conrad（1972）认为这也可解释为特征频率效应，因为两个概念联系有不同的权重。③分层网络模型解释不了否定判断。

（二）特征比较模型

该模型由 Smith 等人于 1974 年提出，也是以特征为基础的。但它不主张用节点，而是认为概念可以表示为两种特征：①定义特征，这是决定一个概念或物体是否属于一个范畴的关键特征；②特有特征，这是一个范畴成员通常拥有的，而不是必需的特征。和分层网络模型不同，在特征比较模型里，所有特征都是储存在有关概念下的。这虽然违反了认知经济，却能更好地解释一些实验发现。

按照 Smith 等人的观点，语义证实作业就是比较两个或更多概念中有多少特征是重叠的。特征比较包括两个步骤：第一步是把两个概念的所有特征（包括定义特征和特有特征）进行整体比较。如果这些特征达到了足够的相似性水平，就产生“是”反应。如果相似性不够，难以区分，就要进入第二步，比较两个概念的定义特征。第二个步骤要慢一些，但评估性更强。

特征比较模型也存在一定局限。最主要的问题是，究竟有没有定义特征。人类是否以定义特征来作判断，这一点目前仍缺乏证据证明，而且定义特征和特有特征之间区分的界限也比较模糊。

（三）激活扩散网络模型

为了使分层网络模型能更好地解释一些实验结果，Collins 等（1974）又提出了一个语义表征的激活扩散网络模型。该模型中，概念仍然表示为节点，相关的概念联系在一起。概念之间的关系，通过连接节点来表现，而并非像特征比较模型那样通过重叠特征数目来表现。在这一模型中，两个概念之间的联系程度通过两个概念间连线的长度来代表：连线越短，联系越强。

与分层网络模型相似，激活扩散网络模型中仍然是一种连接网络。但它的结构并非严格分层，而是一个更为复杂的概念和概念关系网。如“花”不仅与其子范畴（如“玫瑰”、“康乃馨”）连接，还间接地通过“红色”和“救火车”连接。从概念看，这个模型并没有区分定义特征和特有特征。但有些连接比别的连接强，节点的联系程度表现为距离。所以“金丝鸟”和“唱歌”这两个概念之间连线长度比“金丝鸟”和“皮肤”的连线短，因此“金丝鸟”和“唱歌”的语义联系更强。

三、汉语的词义通达模型

汉字与拼音文字存在明显差异。汉字词汇通达的过程也可能与拼音文字不同。汉语的书写符号留下了许多的感性信息，传达出与之有某种形象上联系的关于实物的概念；而拼音文字的书写符号则只留下了发音的结构，无其他的感性信息。有研究指出，汉字认知遵循形→音→义的加工进程。但也有证据支持，汉字认知中存在由形达义的直接通道。

（一）语音中介模型

这一模型的提出主要源自对英语等拼音文字的研究。该模型认为，词义提取必须经过语音中介才能完成，是一个由词形到语音，再由语音提取词义的过程。汉字虽是表意文字，但是形声字占绝大多数，所以在汉字识别中不可避免地要激活语音。这种理论的实验证据主要来自汉字语音自动激活的实验研究。张厚粲和舒华采用启动作业的研究表明，汉字读音中存在音似与形似的启动效应。启动字对高频目标字启动作用小，对低频字启动作用大。彭聃龄和谭力海（1991）在词汇判断作业中，也发现了语音的自动激活效应。

他们用含有一个多音字的双字词作启动词（如“会计”），用一个与多音字其中一种读音相似的字（如“快”和“会”）作目标字，要求被试作真假字判断。结果表明，启动字的两种读音都对目标字的判断起促进作用。这表明，启动字中多音字的两个读音都得到了激活。郑昭明（1994）的研究表明，语音相似的启动字在短的和长的 SOA 条件下都出现显著的启动效应。Perfetti 和 Zhang（1991，1995）发现，在语音干扰作业中，语音的自动激活也很明显。

（二）直通假设

这种观点认为，汉字是表意文字，字形的表义作用大于拼音文字。汉字字形与字音的关系非但不明显，而且不稳定。因此，汉字的词汇通达完全可以由形达义，而不必经过语音的中介作用。金志成和李广平（1995）采用启动书写法和倒掩蔽识别对高、低频汉字分别进行了音同、形似和义近条件下的汉字识别研究。结果表明，在视觉识别中，字形在到达心理词典之前就被激活，字音虽然也参与视觉识别，却在到达心理词典前被激活。黄健辉和陈煊之（1999）的研究表明，字形在中文阅读加工中起非常关键的作用，而语音在早期阅读中似乎不起特殊作用。陈宝国、王立新和彭聃龄（2003）分别采用基于语义和基于语音的启动范畴判断作业，在不同的 SOA 条件下，考察高、低频汉字识别中形、音、义信息激活的相对时间进程。结果表明，高频汉字形、音、义激活的时序为字形→字义→字音的顺序，低频汉字字形激活在先，字音和字义的激活同时进行。这一结果揭示，汉字的语音是自动激活的，语音激活可能发生在字义通达之后或者与字义通达同时进行。

（三）双通道模型

这种观点是上述两种观点的结合。它认为，人们可以经由两种方式得知汉字的意义：一是由形达义，二是走形→音→义的道路。两条通道独立、平行地发挥作用，并且具有竞争性。当前，这一观点已经得到了认知神经科学的证据支持。Wen－Jui Kuo，Tzu－Chen Yeh 等（2004）采用 FMRI 技术探讨了汉字正字法和语音加工的神经机制。他们采用了四个任务，包括一个对汉字、假汉字和类似朝鲜语的无意义符号的音同判断任务和三个对这三种材料的词汇判断任务。结果表明，左枕颞叶区域、左背侧加工流和右中前回构成了正字法加工网络，而左前运动回，左中、后额回，辅助运动区域和左颞顶区域则与语音加工有关。左下额皮层对汉字刺激有特别的反应，表明这一区域对语言材料担任了词汇化加工的功能。汉语同音判断在背视觉流（dorsal visual stream）上有较强激活。汉字正字法和语音加工有不同激活区域的结果与双通道加工理论一致。

在主张双通道模型的心理学家中，又可以分为两类。一类人认为，以语音为中介的加工即使不是词汇通达的唯一通路，也是最主要的通路。直接的视觉通路在词汇通达中只起次要作用。另一类人则认为，对汉语书面语而言，直接的视觉加工是通达心理词典的主要方式。语音在词汇通达初期不起作用。词汇意义通常由词形输入直接激活，语义信息对语音激活的影响比语音信息对语义信息的影响要大得多。如佘贤君和张必隐（1997）指出，义符线索和音符线索作用不等同，义符线索作用更大一些。周晓林（1997）也认为，在书面词识别中，从语音表征到语义表征的通达有限，语义激活主要受词形制约。

双通道模型受到许多研究者的青睐。新近的发展是探讨在汉字加工过程中字形、字音和字义起作用的时间机制。目前，汉字形音义激活时间进程的研究主要有三种不同结果：

（1）字形激活在先，字音、字义激活同时进行。Perfetti 等（1995）探讨了在正常中文阅读中语音起作用的时间。实验一采用掩蔽技术。掩蔽字与目标字的关系有 4 种：音同、形似、义似和控制组。目标字呈现 46ms，掩蔽字呈现 30ms。结果表明，形似掩蔽效果较好，而语音、语义掩蔽没有作用。在另一个实验中，作者改用启动方法，启动字呈现时间分别为 20ms 和 50ms，目标字呈现时间为 35ms。结果表明，不论启动字的呈现时间如何，音、义启动之间均无显著差异。在第三个实验中，作者将启动时间延长为 180ms，结果发现，语音和语义均有显著的启动作用，而形似启动的效应不显著。陈宝国等（2003）通过采用基于语义的和基于语音的启动范畴判断两种作业也发现，低频汉字字形的激活在先，字音和字义的激活同时进行。

（2）字形的激活在先，字音激活早于字义激活。Tan，Hoosain 和 Peng（1995）对这一问题作了进一步研究。结果表明，当目标字和掩蔽字的呈现时间分别改为 60ms、40ms 时，形状掩蔽和声音掩蔽都促进了对目标字的再认，而意义掩蔽作用不明显。形状掩蔽出现在所有字中，语音掩蔽只出现在高频字中。这一实验结果表明，在汉字识别中对语音的加工是在达到字义之前发生的，至少对高频字来说是如此。

（3）字形激活在先，字义激活早于字音激活。周晓林等（1997）提出了一个说明视觉字词识别中心理词典通达的模型。在这个模型中，任何字音或语义信息的提取都必须经过直接的视觉加工，从而激活心理词典中的字形特征，字形特征再激活与之相联系的语音和语义特征。对复杂汉字而言，整字字形和声旁都被用来通达与它们相对应的字形表征以及与之联结的语音及语义表征。这种模型认为，直接的视觉映射是通达心理词典的唯一途径。在汉字加工初期，字形信息的激活是其他类型激活的前提。而一旦心理词典中的字形信息被充分激活，与之相联系的语音和语义表征也将自动被激活。但是，语音激活和语义激活是相对独立的。这种模型认为，在视觉字词识别的过程中，从语音表征到语义表征的通达是有限的，语义激活主要受字形制约。

第三节　汉字义符研究概述

近年来，亚词汇水平的加工已经成为汉字识别研究中的热点。英语字词识别的研究发现，单词识别不仅受词频、词长等各种词汇水平因素的影响，还直接或间接地受到亚词汇成分特征的影响。最典型的两种效应是命名任务中出现“规则性效应”（regularity effect）和“一致性效应”（consistency effect）。大量研究表明（Andrews，1989），英语的亚词汇加工与词汇水平的加工不同。英语中，亚词汇水平的加工只是一个语音事件，即亚词汇成分对应的语音能够被激活，即使其字形对应于一个单词，这个对应词的语义也不会被激活，不会影响词汇加工。词汇水平的加工则既是语音事件，也是语义事件。将英语中的亚词汇概念借用在汉语词汇加工中，表现为汉字的结构单元尤其是义符和音符对整字识别的影响。

当前，义符的研究主要集中在义符对汉字词词义通达的作用和义符是否是汉字加工的基本单位之争上。

一、义符对汉字词词义通达的作用

（一）义符对整字语义提取的作用

从20世纪90年代初开始，国内一些学者就对汉字义符在汉字词词义通达中的作用进行了实验研究。张积家、张厚粲和彭聃龄对义符在汉字单字词、双字词范畴语义的提取以及双字词特征语义提取中的作用进行了一系列考察（1990，1991，1993）。结果发现，在单字词中，有、无标明上属范畴的义符（例如：一般与女性有关的词都带“女”字义符，但与男性有关的词却没有统一的义符标记；大部分与树木有关的词都带有“艹”或“木”义符）对语义提取有重要影响。当义符与所代表的概念一致时起促进作用，不一致时起干扰作用（如“婿”中“女”对其范畴语义认知的影响）。在双字词中，有、无标上属的义符在汉字双字词的范畴语义的提取中有重要作用，但义符数目（双字词中两个字是否包含相同的标明范畴的义符）和位置（标明范畴语义的义符在双字词的左边还是右边）没有显著的影响。他们还进一步研究了汉字义符在汉字词特征语义提取中的作用。结果表明，汉字义符对汉字定义特征语义（如鸟类的“有羽毛”和植物的“有叶子”）的提取有促进作用，但对于词的特有特征语义（如鸟类的“会唱歌”）提取没有影响。

刘燕妮、舒华和轩月（2002）采用语义相关判断的方法，探讨了儿童和成年人在汉字加工中是否存在形旁的语义激活。目标字是语义透明的合体字（如“姐”）；启动字选用两种与目标字语义无关的字，一种是共用形旁但语义不透明的合体字（如“始”），一种是在频率、笔画等方面和共用形旁字匹配的无关控制字（如“收”）。结果发现，与无关控制字相比，儿童和成年人在否定共用形旁的字上出现了延迟，说明形旁可能被分解加工，其语义被激活，而且不同年纪的儿童和成年人的效应量不同。他们认为，这说明形旁的自动分解和语义激活可能存在着一个从非自动化到自动化的过程。

Feldman 和 Siok（1999a）用词汇判断任务证明了整字加工时义符的影响。他们以形声字为目标字，采用不同的启动条件：①目标词和启动词的义符相同，并且语义相关（R+S+）；②目标词和启动字的义符相同，但语义不相关（R+S-）；③义符不同，但语义相关（R-S+）；④义符不同，语义不相关（R-S-）。结果表明，当目标词在启动词243ms 后出现时，目标词在 R+S-条件下的反应时比 R-S-条件下的反应时慢，而在 R+S+和 R-S+启动条件下的反应时则比 R-S-条件下快。该结果表明，在一定时间内，语义透明字“评”会促进目标字“论”的加工，而语义不透明字“诸”会抑制目标字“论”的加工，说明在加工合体字时，形旁会自动分解，激活其语义表征，从而对整字识别产生影响。

从这些结果来看，义符作为汉字形声字的重要组成部分，长期的语言实践可能已经使得汉语使用者对义符形成了认知的“块”。这种“块”与英文中的字母不同，它不仅是结构的块，也是语义的块。

（二）不同词频和语义距离条件下义符的词义通达作用

张积家等（1990）考察了词频和语义距离对义符在汉字单字词语义提取中作用的影响。实验材料为女性范畴单字词，分别组成肯定反应组和否定反应组。在肯定反应组中，单词按语义距离和词频分为高—高类（如“妈”），高—低类（如“姥”），低—高类（如“嫂”），低—低类（如“妃”），每类四个词。在否定反应组中，实验字也分为 4 类：①无女性义符的非女性字，如“优”；②被试熟悉，有女性义符，但义符不标明类属关系的词，如“妙”；③义符与词义不一致的词，如“婿”；④有女性义符，但被试不熟悉的词，如“妫”。四类字与女性的平均语义距离也大致相等。作业为快速语义决定。实验结果表明，在肯定反应中，反应时随语义距离和词频的降低而延长，错误率升高。在否定反应中，女性义符起了干扰作用，熟悉性也有重要影响。被试判断熟悉的词比判断不熟悉的词要快，但错误率高些。在判断有女性义符但被试不熟悉的词时，被试有时采用了形旁推理的策略。实验表明，词频和语义距离在语义决定中都有重要作用，但两者的作用彼此独立。这可能是由于词频和语义距离属于不同网络系统中的变量。词频影响词汇识别，即词汇网络的激活和提取；语义距离决定语义决定，影响概念网络的激活或提取。义符的作用在于，在词汇识别过程中，就激活了概念系统中与义符有联系的节点，使其处于活动状态。当词识别后再作语义决定时，如果义符与词所代表的概念上属一致，只需较少能量就可以作出语义决定；如果不一致，就是反方向的激活，就会产生干扰作用。

二、汉字加工的基本单位之争

汉字是表意文字，字形与字义关系比较直接。对义符的研究较多集中于它在汉字语义中的作用，对义符的表形功能研究较少。目前，这方面研究主要体现在汉字加工的基本单元之争上。

（一）整字作为基本单元

汉字本身的一些特征使得一些研究者支持汉字整体加工的观点。首先，汉字在大多数情况下是作为一个整体匹配到词素的，而不是通过亚音节的音位与词素匹配。汉字与其他语言相比，在视觉上并不复杂。它没有用词缀来表明词的语法性、数、格，以及动词的时态。其次，无论笔画数是多少，汉字在文本呈现上都是固定的方块结构。因此，一个汉字经常被视为一个有着明显空间特征的独立单元。最后，尽管现代汉语有很多多音字，但大部分单字都能成为一个单字词。这也提高了中文单字的重要性。

汉字这些特征已经得到很多研究者重视。他们将汉字作为基本的视觉识别和心理表征的单元。例如，在一项迫选任务中，Cheng（1981）要求被试识别两个汉字部件中哪一个曾经在上下文中出现过。其中目标部件或者被包含在一个真字中，或者被包含在假字或者非字情境中。结果表明，被试对真字中部件的识别要优于在假字中的，而在假字中的识别又优于非字中的。这一效应又称为汉字的字优效应。该结果表明，汉字部件并非独立检测，更没有优于整字发生。一些对汉字语音加工的研究表明，在汉字识别中，是汉字整字的语音，而并非音符的语音在起作用（Osgood & Hoosain，1974）。这一观点已经扩展到了日文中的汉字识别（Morton，1992）。例如，日文中汉字双字词的语音并不是由其中单个词素激活的。

（二）部件作为基本单元

汉字的另一些特征使得一些研究者认为，部件是汉字加工的基本单元。大部分汉字都是合体字，由两个或两个以上部件构成。汉字中，形声字的比例最高，它由一个音符和一个义符构成。义符倾向于对整字语义进行解释。

众多研究探讨了汉字识别中部件水平信息的作用。一些研究发现，笔画分析和部件分解是书面汉字辨认的初级阶段。关于汉字识别的启动研究发现，字形相似、读音相同或语义有联系的字之间存在明显的启动效应。这说明，汉字心理词典中可能存在音、形、义的联系通路。佘贤君等（1997）提出，汉字形声字的心理词典可能按照义符、音符的维度来组织。他们采用启动条件的词汇判断方法，用形声字义符或者声符作为启动刺激，探讨了形声字心理词典中义符和声符的作用。结果显示，对高频字，不管是义符启动还是音符启动，启动条件下的反应时与控制条件下的反应时和错误率都无显著差异。对低频字，无论义符启动或是音符启动，一致或是不一致，启动条件下的反应时都显著低于控制条件下的反应时，启动条件下的错误率也显著低于基线的错误率。从启动量来看，义符启动和音符启动没有显著差异，义符启动偏高，但二者的错误率有显著差异，音符启动错误率显著高于义符启动。因此，他们提出，在汉字词的心理词典中，存在着两类线索，其一是义符线索，其二是音符线索，义符线索和音符线索对高频字和低频字的影响不一致，对低频字影响更大。义符线索和音符线索的作用不同，义符的作用更大些。

Su 和 Jing（2004）采用重复知盲技术对汉字视觉识别的亚词汇加工进行了探讨。重复知盲是指被试对快速连续视觉呈现的一组刺激中的重复刺激有较差的侦测及回忆。他们探讨了当先后呈现的两个汉字整字相同（如“城”和“城”）或部件相同（如“诚”和“诸”、“堵”和“赌”）时，与没有共同部件的完全不同的汉字的差异。结果表明，当刺激呈现时间高于 50ms，且在两个目标字之间有一个干扰字时，整字出现了重复知盲现象；当呈现时间低于 50ms 且两个目标字之间无干扰字时，汉字部件出现了重复知盲现象。

总之，对义符的心理加工机制的研究加深了人们对字词认知的理解，丰富了语言认知的理论，为汉字认知心理学和语言心理学的发展作出了贡献。

三、当前义符研究存在的问题

虽然对汉字义符心理加工机制的研究已经取得了一系列有价值的成果，但仍有很多问题需要进一步探讨。

（一）义符对整字语义提取的影响

很多研究支持义符的语义提取功能，这些证据主要来自义符对汉语名词的范畴语义（如“男”、“女”，“植物”、“非植物”）、特征语义（如鸟类“有羽毛”、“有翅膀”）提取的促进作用，以及义符的表义透明度对语义提取的影响。但是，目前对义符语义提取功能的研究仍然存在一定空白。例如，在汉语中，大部分动作动词都有义符标记动作发出的器官或者工具，而汉语的这一特点对语义提取有何影响呢？由于不同义符指代的意义存在一定差别，如义符“目”与眼睛有关，“口”与嘴有关。指代不同意义的义符是否也有不同作用呢？

（二）义符的语法倾向性及其作用

对中文名词和动词中义符进行分析时不难发现，中文名词大多由义符标记事物的物质组成（be made from or made of …），如凡表征用木做成事物的名词大多从“木”，如“桌”、“椅”；凡表征用金属组成事物的名词大多从“钅”，如“铲”、“锤”；凡表征由水构成事物的名词大多从“氵”，如“海”、“河”。中文动词大多有义符标记动作发出的器官或完成动作的工具（by…）。如表征由手发出动作的动词多从“扌”，如“折”、“抓”；凡表征用眼完成动作的动词多从“目”，如“盯”、“看”；凡表征用脚完成动作的动词多从“足”或从“辶”，如“跑”、“迈”；凡表征用刀完成动作的动词多从“刀”或“刂”，如“切”、“削”。这一点与英文很不相同。这类字占全部形声字的大多数。因此，义符除了辅助表征整字语义之外，可能还具有一定的语法倾向性。

（三）义符在汉字视觉识别中的作用

如前所述，很多研究都支持汉字义符对语义提取的促进功能。然而，从知觉角度看，义符仍然属于汉字结构的一部分，具有重要的词形表征功能。在视觉呈现时，汉字义符和音符并没有绝对划分界限，一些义符同样也可以充当音符。与其他部件比较，义符在字词识别中有何功能？在加工的时间进程上，义符与一般部件又有什么不同？词汇通达经研究已发现，词形作用的时间主要是在词汇通达早期，随着加工时间延长，语音和语义的作用逐渐增强。义符作为集语义、词形功能于一体的部件，在词汇通达过程中是否也遵循这一规律呢？义符的词形和词义功能在词汇通达中是一直合行还是存在一定阶段的分离？

词频效应广泛存在于词汇加工过程中。一般说来，高频的字或词加工的速度比低频的字或词加工速度快。对于这一现象，有研究者指出，可能是因为高频词与低频词存在不同的词汇通达通道。低频字加工相对于高频字加工更倾向通过部件分析的方式进行。也有研究者认为，可能是由于其他因素导致了不同频率的词加工方式不同。在对整字加工中，高、低频的亚词汇成分同样能被分解出来，激活它们对应的语音、语义信息。对高频字来说，整字信息激活快，词汇和亚词汇信息的相互竞争使亚词汇信息的激活效应很难表现出来。高兵、高峰强（2005）通过词汇判断作业对中文双字合成词的心理表征问题进行了考察。他们采用的目标刺激为高频透明、高频不透明、低频透明、低频不透明词各 12 个和 48 个假词。结果发现，高频词词汇判断的速度快于低频词，透明词的词汇判断速度快于不透明词，词频和语义透明度有显著的交互作用，透明度对低频词识别所起作用大于高频词。那么，义符是否对不同频率或者不同语义透明度的词汇加工有不同作用？

第二章

义符在汉语动词语义提取中的作用

第一节　义符在动作动词意义认知中的作用

一、义符在动作动词意义认知中作用的研究现状

动词是语言中的重要词类，在语言结构和功能中扮演着重要角色。近年来，动词研究已成为语言认知研究中的热点。人们对动词与名词的认知加工差异（Kersten，1998；Deutsch，Frost & Forster，1998；Pickering & Frisson，2001）、动词和名词表征的脑机制（Tyler & Russell，2001；Stellaliu，2002；Federmeier，2002；Grossman，2007）、动词的心理组织及发展（Tardif，1996；Schwanenflugel，1998；Levey & Cruz，2003）等问题感兴趣。在动词认知的影响因素上，人们发现，词频、词长、词汇获得年龄、语义具体性和情境可获得性是影响动词判断和命名反应时的主要因素（Trueswell，Tanenhaus & Kello，1993；Schwanenflugel，1988；Scott，2001；Hauk & Pulvermüller，2004；陈宝国，1998）。认知神经科学研究也发现，大量脑皮层区域参与了动词意义的加工（Pulvermüller，Lutzenberg & Preissl，1999；Druks，2002）。

动作动词（action verbs）是动词中的一个子类，它们表征各种具体动作。研究表明，动作动词的加工与大脑的相应区域相对应。Hauk 和 Pulvermüller（2004）发现，不同种类的动作动词在额叶一些皮层部位有不同的激活，这些部位包括大脑的主运动区域、前运动区域和前额叶部位。对动作动词认知和神经表征的研究，有助于揭示动词区别于其他词类的本质，对词汇认知与词汇心理和神经表征的理论发展有重要意义。

通过对汉语动作动词的结构进行分析，我们发现，这类动词在结构上有一个十分重要的特点，即许多动词词形上都有动作靠什么器官或工具完成的

标记（by…），这就是汉字形声字的义符。汉字的主体是形声字。汉语的动作动词如用形声字表示，则义符或者标明动作是由什么器官发出的，或者标明动作是靠什么工具完成的，前者如“打”、“吃”、“看”、“跑”等，后者如“割”、“刺”、“培”、“碰”等。这是汉语动作动词区别于拼音文字动作动词的一个十分重要的特点。在英语中，“beat”（打）在词形上看不出与“hand”（手）有什么关系，“eat”看不出与“mouth”（口）有什么关系；“look”（看）、“run”看不出与“eye”（眼）、“foot”（脚）有什么关系，“cut”（割）、“pierce”（刺）也看不出与“knife”（刀）有什么关系。但是，汉语动作动词的这一结构特点也并不十分规则。有些动作动词没有这种标记，如“笑”、“写”、“登”、“开”等。还有的汉语动作动词的义符标记与动作器官或工具不一致，如“听”、“嗅”、“取”等。

前已述及，关于汉字义符对词汇认知和语义决定的影响，已经出现了许多研究。张积家等人（1990，1991，1993）发现，提取形声字的范畴语义和定义特征语义可以根据义符线索。义符既可对词的语义提取起促进作用，如“姐”、“姑”；也可对词的语义提取起干扰作用，如“婿”、“娃”。佘贤君等（1997）发现，在汉语形声字中，义符线索比音符线索的作用更大；义符对低频字的影响比对高频字大；当义符与字义一致或不一致时，义符线索的作用也不一样。周晓林、鲁学明和舒华（2000）发现，在低频合体字上，当把整字的视觉刺激映射到心理词典的各种表征上时，能独立成字的形旁被分割出来，激活它们所对应的语音表征。可见，义符对汉字的语义和语音提取都有重要作用，但义符的作用受词频和词的具体性制约。义符对低频词语义提取的影响比对高频词大，对具体性低的词语义提取的影响比对具体性高的词大。具体性指词所代表的事物的形象性，即能否容易地想起事物的形象，记忆表象是否鲜明。一般来说，具体性高的词容易认知。

汉字是表义文字。汉语动作动词用义符标志动作发出的器官或动作使用的工具。这一特点是否影响汉语使用者对词义的认知？大量研究表明，语言特点影响人的认知过程（Sera，Elief & Forbes et al.，2002；Levinson，2002；Emre，O.，Davies，I. R. L.，2002）。那么，可以预期，那些有动作发出器官或使用工具标记的义符的动词，有利于读者对动作器官或动作工具的认知，而无义符标记或标记与动作器官或工具不一致的动词，则不利于读者对动作器官或动作工具的认知。因为人在认知无标明动作发出器官或动作使用工具的义符的动词时，必须先认知词，达到词的意义，进而产生动作表象，然后再决定这种动作由什么器官发出或通过什么工具完成。有标明动作发出器官或使用工具的义符标记的动词，由于词形结构指明了动作器官或工具，所以对这个动作由何种器官发出或通过何种工具完成的认知自然会快些。对义符同实际动作发出器官或使用工具不一致的动词，这种标记就起了相反作用，它们会抑制对动词的动作器官或使用工具的认知。

因此，我们假定，在汉语动作动词加工中，对有标明动作发出器官或使用工具的义符的汉语动作动词的认知可能采取与无动作发出器官或使用工具标记的义符的动词不同的方式。当要求被试提取动作动词动作器官或工具的语义时，对有标明动作发出器官或使用工具的义符的动词意义提取就快，反之则慢。在本研究中，我们将通过4个实验来证实这一假设。

二、义符在动作动词意义认知中作用的实证研究

（一）实验1 汉字义符在动作动词意义认知中的作用

1. 研究目的

探讨标明动作使用器官的义符对汉语动作动词的动作器官意义认知的影响。

2. 研究方法

（1）被试：28名大学本科生，其中男生12名，女生16名，视力正常或矫正视力正常。

（2）实验设计与材料：采用重复测量设计。实验材料由40个汉字单字动词组成，它们大部分为左右结构，义符位于字的左边。其中义符标记与动作器官一致的动词20个，称为“一致条件”；无义符或义符与动作器官无关的动词10个，义符与动作器官有关但与词义不一致的动词10个。由于后两种词都没有与动作发出器官一致的义符，因此合称为“不一致条件”。为排除其他因素影响，正式实验前，由74名大学生采用7点量表对实验材料进行了具体性评定。如被试认为动词的具体性很高，就评定为7，如认为动词的具体性低，就评定为1，中间的分数代表中等的具体性。在评定基础上，对实验材料进行了词频［根据北京语言学院编的《现代汉语频率词典》（1986），下同］、具体性和笔画数匹配。一致组的动作动词平均词频为0.019 9，平均具体性分数为4.62，平均笔画数为9.40；不一致组的动作动词平均词频为0.021 4，平均具体性分数为4.39，平均笔画数为9.10，其中义符与动作发出器官不一致的动作动词平均词频为0.020 2，平均具体性分数为4.48，平均笔画数为9.30；词形结构中无义符或义符与动作发出器官无关的动作动词平均词频为0.022 1，平均具体性分数为4.30，平均笔画数为8.90。统计检验表明，各组

实验材料的各项指标无显著差异。实验材料的呈现顺序随机化。另有20个字作为练习材料，其组成与正式实验材料类似。

（3）实验仪器：E - Prime 软件、PET - SRBOX 反应盒、麦克风、计算机。

（4）实验程序：实验材料由E - Prime实验系统控制呈现。话筒通过PET - SRBOX反应盒与计算机相连。正式实验开始前，被试先进行预备实验，包括20个练习刺激，这些刺激在正式实验中不再呈现。练习阶段与正式实验做法相同，目的在于让被试熟悉实验流程。

正式实验时，首先呈现注视点（“ + ”标记）500ms，空屏400ms，然后在注视点位置呈现刺激，刺激呈现时间最长为1 000ms，要求被试对着话筒说出动词所表示的动作由什么器官完成。如“打”由手完成，被试需对着话筒说出“手”。如被试在1 000ms以内做出反应，刺激自动消失，进入400ms空屏缓冲，随后进入同样流程判断下一个刺激。被试必须在刺激呈现后1 400ms内反应，否则算错。测验个别进行，主试在旁边监视。计算机自动记录从目标词开始呈现到被试做出反应的时间间隔。主试在事先准备好的记录纸上记录被试对目标词的反应正误。计时单位为ms（毫秒），误差为±1ms。

3. 结果与分析

错误反应及反应时超过平均数两个标准差之外的反应在实验中不统计（约8%）。实验结果见表2－1，结果的直观图见图2－1和图2－2。

表2－1　义符和动作器官一致、不一致或无关词的平均反应时和平均错误率

反应	一致条件	不一致条件	
	义符与动作器官一致	义符与动作器官不一致	无义符或义符与动作器官无关
反应时（ms）	898	1 031	969
		998	
错误率（%）	0.90	12.80	5.40
		9.10	

t 检验表明，一致组动词和不一致组动词反应时差异显著，t_1（27）＝4.52，$p<0.001$；t_2（19）＝2.91，$p<0.05$。从表2－1和图2－1可见，一致组动词反应时短于不一致组动词。一致组动词和不一致组动词的错误率也差异显著，t_1（27）＝4.60，$p<0.001$；t_2（19）＝4.48，$p<0.001$。从表2－1和图2－2可见，不一致组动词的错误率显著高于一致组动词。对不一致组的两个子组的动词（义符与动作器官不一致和无义符或义符与动作器官无

关）的反应时也进行了 t 检验。结果表明，两组存在显著差异，$t_1(27) = 3.10$，$p < 0.01$；$t_2(9) = 3.10$，$p < 0.05$。从表 2-1 可见，义符与动作器官不一致的动词的反应时显著长于无义符或义符与动作器官无关的动词。两组词的错误率差异也显著，$t_1(27) = 2.78$，$p < 0.01$；$t_2(9) = 2.55$，$p < 0.05$。从表 2-1 和图 2-2 可见，义符与动作器官不一致的动词错误率显著高于无义符或义符与动作器官无关的动词。

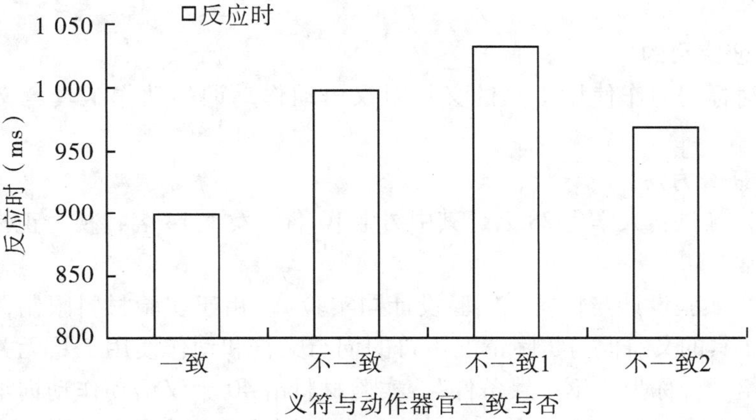

图 2-1　各条件反应时直观图

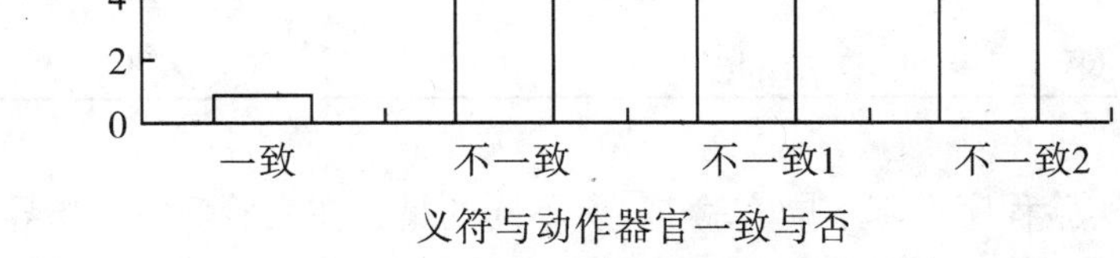

图 2-2　各条件错误率直观图

因此，实验 1 结果表明，当汉语动作动词词形结构中的义符与实际的动作器官一致时，能促进对动作动词的动作器官意义的认知；当义符与实际的动作器官不一致时，会抑制对动作动词的动作器官意义的认知，对这种词的反应时甚至慢于无义符或义符与动作器官无关的词。这说明，当人们把整字的视觉刺激映射到心理词典的表征上时，会利用义符对词汇的意义进行理解。如果词形结构中无义符标志或义符标志与动作器官无关，读者就会跳过这一阶段，从整字意义的通达中来检索语义。而当词形结构中有与动作器官不一致的义符标志时，读者在利用义符检索词义后才发现义符与实际情况不符，因此再转向从整字来通达词义，需要更长时间。

（二）实验2　动作使用工具的义符对汉语动作动词工具意义认知的影响

1. 研究目的

探讨标明动作使用工具的义符对汉语动作动词的动作工具意义认知的影响。

2. 研究方法

（1）被试：大学生28名，其中男生10名，女生14名，视力正常或矫正视力正常。

（2）实验设计与材料：实验设计同实验1。由于实验材料限制，将有标明动作工具的义符但与实际情况不符的词与义符和动作使用工具无关的词合并为一组，合称为“不一致条件”。实验材料由40个汉语动作动词组成，义符标记与动作工具一致的动词20个，它们的平均词频为0.014 96，平均具体性分数为4.64，平均笔画数为9.50；无标明动作工具的义符或义符与动作工具不一致的动词20个，它们的平均词频为0.018 54，平均具体性分数为4.64，平均笔画数为9.35。两组动词的各项指标在统计上无显著差异。

表2－2　义符与动作工具一致、不一致或无关的词的平均反应时和平均错误率

	义符与动作工具一致	义符与动作工具不一致或无关
反应时（ms）	983	1 108
错误率（%）	3.70	9.30

（3）实验程序：基本同实验1。所不同的是，在实验2中，指导语要求被试说出动词表征的动作所使用的工具。

3. 结果与分析

错误反应以及反应时超过平均数两个标准差之外的反应在实验中不纳入统计（占9.8%）。具体结果见表2－2。

t 检验表明，一致组动词与不一致或无关组的动词反应时差异显著，t_1（27）=4.85，$p<0.001$；t_2（19）=2.59，$p<0.05$。从表2－2可见，义

符标记与词义一致的动词反应时快于无标明工具的义符或义符标记与词义不一致的动词。两组词错误率也存在显著差异，t_1（27）=3.98，$p<0.001$；t_2（19）=3.14，$p<0.01$，义符标记与词义一致的动词错误率明显低于无标明工具的义符或义符标记与词义不一致的动词。因此，实验2与实验1结果趋势一致，即当义符与动作工具一致时，会促进对汉语动作动词的动作工具意义的认知；当义符与动作工具无关或无标示动作工具的义符时，不利于对汉语动作动词的动作工具意义的认知，从而证实了我们的假设。

（三）实验3　不同整字频率下义符对动作动词意义认知的影响

1. 研究目的

词频作为影响词汇认知的重要因素，是否会影响义符的作用？一些研究表明，词频影响字词认知的方式，高频词倾向于整词认知，低频词倾向于特征分析（Seidenberg，1985）。本实验通过变化义符与动作器官一致与否以及词频高低两个因素，对义符标记对动作动词意义认知的影响作进一步探讨。

2. 研究方法

（1）被试：32名大学生，男女各半，视力正常或矫正视力正常。

（2）实验设计与材料：采用2（义符与动作器官一致/义符与动作器官不一致或无关）×2（高频/低频）两因素重复测量设计。实验材料由80个汉语动词组成，其中义符与动作器官一致、高频，义符与动作器官一致、低频，义符与动作器官不一致或无关、高频，义符与动作器官不一致或无关、低频的动作动词各20个。对动作动词的具体性和笔画数进行了匹配。其中义符与动作器官一致、高频的动作动词平均词频为0.051 92，平均具体性分数为4.66，平均笔画数为9.65；义符与动作器官一致、低频的动作动词平均词频为0.004 60，平均具体性分数为4.63，平均笔画数为9.85；义符与动作器官不一致或无关、高频的动作动词平均词频为0.053 74，平均具体性分数为4.46，平均笔画数为9.30；义符与动作器官不一致或无关、低频的动作动词平均词频为0.004 75，平均具体性分数为4.44，平均笔画数为9.30。义符与动作器官一致的动作动词的平均词频和义符与动作器官不一致的动作动词的平均词频差异显著，$p<0.001$；各组词的具体性和笔画数经统计检验差异不显著。

（3）实验程序：同实验1。

3. 结果与分析

错误反应和反应时超过平均数两个标准差的数据不计入统计（10.5%）。实验结果见表2-3、图2-3和图2-4。

表 2-3　被试对不同类型动词的平均反应时和平均错误率

词的类型		高频词	低频词
一致条件	反应时（ms）	841	855
	错误率（%）	3.20	2.10
不一致条件	反应时（ms）	1 024	1 095
	错误率（%）	11.25	18.75

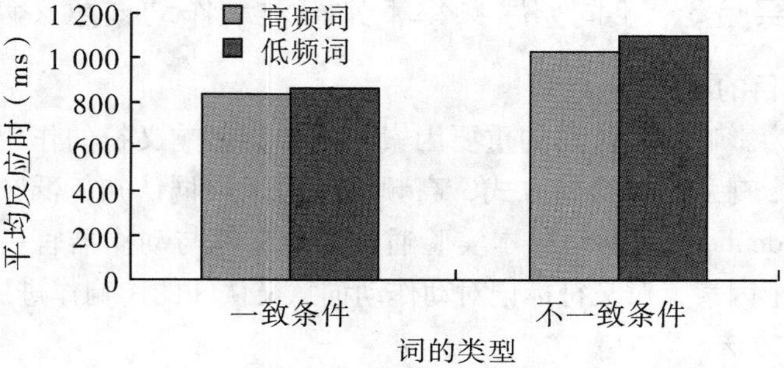

图 2-3　被试对不同类型动词的平均反应时

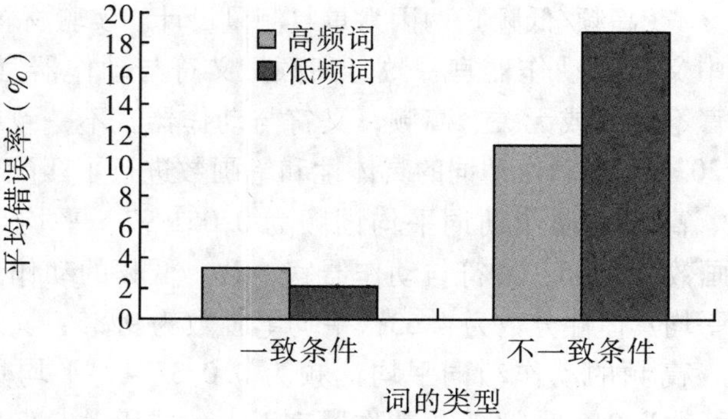

图 2-4　被试对不同类型动词反应的平均错误率

反应时的方差分析表明，义符与动作器官一致与否的主效应显著，$F_1(1, 31) = 107.31$，$p < 0.001$；$F_2(1, 19) = 47.21$，$p < 0.001$。从表 2-3 和图 2-3 可见，义符与动作器官一致的词的反应时明显快于义符与动作器官不一致或无关的词。词频的主效应显著，$F_1(1, 31) = 5.95$，$p < 0.05$；$F_2(1, 19) = 2.19$，$p < 0.05$。从表 2-3 和图 2-3 可见，被试对高频词的反应快于对低频词的反应。义符与动作器官一致与否和词频高低存在显著的交互作用，$F_1(1, 31) = 7.09$，$p < 0.05$；$F_2(1, 19) = 7.80$，$p < 0.05$。简单效

应分析表明，对义符与动作器官一致的词，词频效应不显著，F_1（1，31）＝0.70，$p>0.05$；F_2（1，19）＝0.03，$p>0.1$。对义符与动作器官不一致的词，词频效应显著，F_1（1，31）＝11.80，$p<0.05$；F_2（1，19）＝5.59，$p<0.05$。错误率的方差分析表明，义符与动作器官一致与否的主效应显著，F_1（1，31）＝90.13，$p<0.000$；F_2（1，19）＝43.38，$p<0.001$。从表2－3和图2－4可见，义符与动作器官一致的词错误率明显低于义符与动作器官不一致的词。词频的主效应也显著，F_1（1，31）＝7.44，$p<0.01$；F_2（1，19）＝5.61，$p<0.05$。从表2－3和图2－4可见，高频词的错误率低。义符与动作器官一致与否与词频高低存在显著的交互作用，F_1（1，31）＝21.05；$p<0.001$；F_2（1，19）＝8.25，$p<0.01$。简单效应分析表明，对义符与动作器官一致的词，词频效应不显著，F_1（1，31）＝4.31，$p>0.05$；F_2（1，9）＝1.37，$p>0.05$。对义符与动作器官不一致或无关的词，词频效应显著，F_1（1，31）＝7.72，$p<0.001$；F_2（1，9）＝7.48，$p<0.05$。从表2－3和图2－4可见，低频词的错误率明显高。

因此，实验3进一步证实了实验1的发现，即义符与动作器官是否一致影响对动词动作器官意义的认知。同时还表明，词频也是影响动词动作器官意义认知的重要因素。一般说来，频率高的动词容易认知，自然会容易提取它的相应语义；频率低的动词不易认知，提取它们的相应语义会困难些。然而，实验3却表明，在动词义符同动作器官一致时，词频高低并未显示出重要影响。只有在动词义符同动作器官不一致或无关时，反应时和错误率差异才显著。之所以如此，是因为义符与动作器官一致时，被试直接采用了字形分析策略，无须通达整词意义就直接通过部件得出与整字相关的意义。而在义符同动作器官不一致或无关时，字形分析并不能得出有关意义，需要通达整词意义方能判断动作发出的器官。所以，反应时就长，错误率也明显增加，两方面的一致变化显示出加工的困难。

（四）实验4　不同具体性下义符对动作动词意义认知的影响

1. 研究目的

通过变化义符与动作器官是否一致和词的具体性高低，进一步探讨义符对动词意义认知的影响。

2. 研究方法

（1）被试：30名大学生参加了本实验，男女各半，视力与矫正视力正常。

（2）实验设计与材料：采用2（义符与动作器官一致/义符与动作器官不

一致或无关）×（具体性高/具体性低）两因素重复测量设计。实验材料由60个词组成，义符与动作器官一致、具体性高，义符与动作器官一致、具体性低，义符与动作器官不一致或无关、具体性高，义符与动作器官不一致或无关、具体性低的动作动词各15个。各组材料在词频和笔画数上进行了匹配，四种条件下词的平均频率分别为0.037 3、0.036 3、0.043 4和0.039 6，平均笔画数为7.87、8.20、8.33和7.13，平均具体性分数为5.05、3.27、5.08和3.30。统计检验表明，各组词平均词频和平均笔画数差异不显著，$p>0.05$，具体性高的词和具体性低的词的平均具体性分数差异显著，$p<0.001$。

（3）实验程序：同实验1。

3. 结果与分析

错误反应及反应时超过平均数两个标准差的反应不统计（11.2%）。结果见表2-4和图2-5、图2-6。

反应时的方差分析表明，义符与动作器官是否一致的主效应显著，$F_1(1, 29)=47.21$，$p<0.001$；$F_2(1, 14)=15.75$，$p<0.001$。从表2-4和图2-5可见，义符与动作器官一致的动词反应时明显快于义符与动作器官不一致或无关的动词。具体性的主效应显著，$F_1(1, 29)=5.89$，$p\leqslant 0.05$；$F_2(1, 14)=4.63$，$p<0.05$。从表2-4和图2-5可见，具体性高的动词反应时显著短于具体性低的动词。义符与动作器官是否一致与具体性高低存在显著的交互作用，$F_1(1, 29)=7.10$，$p\leqslant 0.01$；$F_2(1, 14)=3.76$，$p<0.05$。简单效应分析表明，对义符与动作器官一致的动词而言，具体性高的词和具体性低的词反应时差异不显著，$F_1(1, 29)=0.11$，$p>0.05$；$F_2(1, 14)=0.018$，$p>0.05$。对义符与动作器官不一致或无关的词而言，具体性高的词和具体性低的词反应时差异显著，$F_1(1, 29)=9.09$，$p<0.01$；$F_2(1, 14)=2.86$，$p<0.05$。从表2-4和图2-5可见，具体性低的词反应时明显长。

表2-4　被试对不同类型动词的平均反应时和平均错误率

词的类型		高具体性	低具体性
一致条件	反应时（ms）	865	872
	错误率（%）	2.20	2.40
不一致条件	反应时（ms）	1 000	1 093
	错误率（%）	8.30	16.7

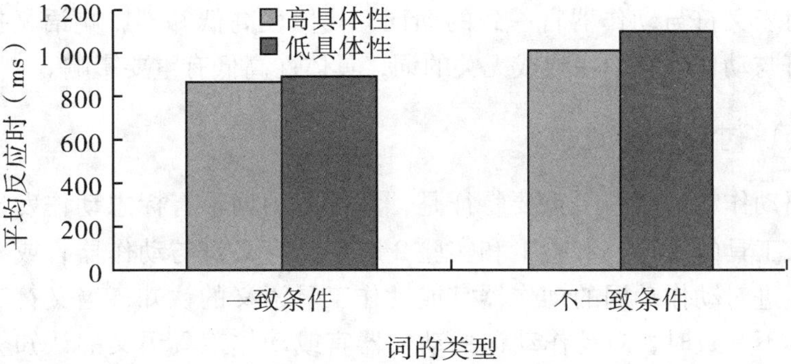

图 2-5　被试对具体性不同的平均反应时

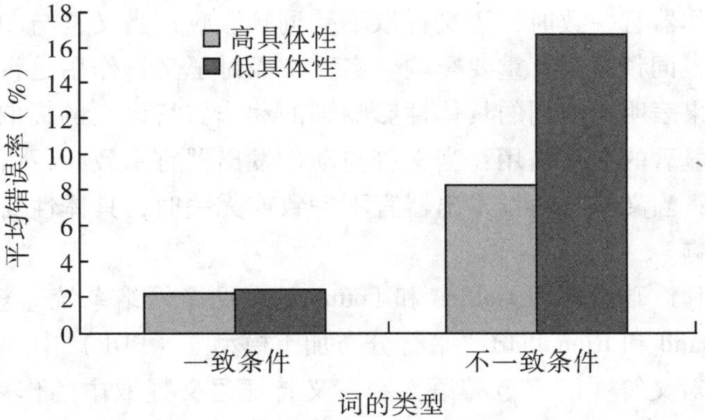

图 2-6　被试对不同类型动词反应的平均错误率

错误率的方差分析表明，义符与动作器官是否一致的主效应显著，F_1（1，29）=105.00，$p<0.001$；F_2（1，14）=39.58，$p<0.001$。从表 2-4 和图 2-6 可见，义符与动作器官一致的动词错误率明显低于义符与动作器官不一致或无关的动词。具体性的主效应显著，F_1（1，29）=31.84，$p<0.001$；F_2（1，14）=11.03，$p<0.01$。从表 2-4 和图 2-6 可见，具体性高的动词错误率低。义符与动作器官是否一致与具体性高低存在显著的交互作用，F_1（1，29）=22.00，$p<0.001$；F_2（1，14）=12.36，$p<0.01$。简单效应分析表明，对一致词，具体性高的词和具体性低的词错误率差异不显著，F_1（1，29）=0.09，$p>0.05$；F_2（1，14）=0.03，$p>0.05$。对不一致词或无关的词，具体性高的词和具体性低的词错误率差异显著，F_1（1，29）=28.56，$p<0.001$；F_2（1，14）=13.13，$p<0.01$。

因此，实验 4 的结果表现了与实验 1 和实验 3 相同的趋势，即义符与动作器官一致的词比不一致或无关的词更容易通达词的动作器官的语义。同时也表明，对于义符与动作器官一致的动词，具体性高低并不影响语义提取，而对于义符与动作器官不一致或无关的词，具体性高低有重要影响。

（五）讨论与结论

汉语动作动词的一个重要特征是，大部分动词带有标志动作发出器官和动作完成工具的义符。实验1和实验2表明，当义符与动作器官或工具一致时，能促进对动作动词的动作器官或动作工具语义的认知；当义符与动作器官或工具不一致时，对动作动词的动作器官或动作工具语义的认知会起干扰作用。实验3探讨了义符作用是否随词频不同而变化。结果表明，词频高低影响对汉语动词的动作器官语义的提取，但词频和义符存在显著的交互作用：当义符与动作器官一致时，语义提取不受词频影响；当义符与动作器官不一致或无关时，词频高低有重要影响。实验4探讨了义符作用是否受动词具体性影响。结果表明，动词的具体性影响词的动作器官语义的提取，但具体性和义符存在显著的交互作用：当义符与动作发出器官一致时，语义提取不受具体性影响；当义符与动作发出器官不一致或无关时，具体性高低对词义提取有重要影响。

张积家和彭聃龄曾以 Collins 和 Loftus 的“两个网络系统”模型为框架，结合 McClelland 和 Rumelhart“平行分布加工模型”（PDP）中“平行激活扩散”思想，对义符在汉字范畴语义和定义特征语义提取中的作用加以解释。这一解释同样适用于对汉语动作动词的动作器官或工具意义的认知。字词的语义加工，涉及两个网络系统：词汇网络和语义网络。词汇网络由许多加工单元组成，主要贮存词形的结构特征和词音的韵律特征。语义网络由概念节点组成，主要贮存词的语义。两个网络系统有一定的联结通路。在拼音文字中，语义提取须先进入词汇网络，再进入语义网络。但在汉字词中，词汇网络和语义网络之间存在着以义符为中介的联结。因此，当义符与动作器官一致的词呈现时，最先被激活的是词汇网络中的加工单元，如汉字义符。此时，一方面，来自义符单元的激活继续进行激活词的加工单元，导致对词的识别；另一方面，激活沿网络间的通路扩散，激活语义网络中代表动作、动作器官或动作工具的概念节点，降低它们的反应阈限，并启动自上而下的加工。因此，当词识别后再作语义决定时，动作、动作器官或动作工具的概念节点都处于激活状态，此时只需较少激活就可以作出语义决定。因此，反应时便短，错误率亦低。而对于无标明动作器官或工具的义符的词，由于在词识别之前不能激活动作、动作器官或动作工具的概念节点，因此必须待词识别后再作语义决定，此时，动作、动作器官或动作工具的概念节点激活阈限就高，需要较多激活才能打通语义通路，因此反应时就长，错误率也有明显增加。对于义符与动作器官或工具不一致的词，来自词汇网络中的义符激活是一种反方向的激活，这种激活提高了有关概念节点的反应阈限，所以反应时就更长，错误率也陡然增加。

根据“两个网络系统”的理论，词频和具体性是属于不同网络系统中的变量。词频影响词汇网络中加工单元的激活值，高频词容易激活，因此用于语义加工的激活便多，语义加工必然迅速；具体性是语义网络中的变量，具体性高的词，相关概念节点的激活阈限低，语义提取也必然迅速。这是词频和具体性影响动作动词的动作器官意义认知的机制。但这种机制在义符同动作器官一致时，就发生了变化。当义符与动作器官一致时，被试直接采用了字形分析策略，因此无须通达整词语义就可直接通过部件得出相关意义，从而掩盖了词频的影响。只有在义符与动作器官不一致或无关时，字形分析不能得出有关意义，需要通达整词语义方能判断动作所使用的器官。所以，反应时就长，错误率也明显增加。同样，在义符与动作器官一致时，无论是具体性高的词还是具体性低的词，它们与动作器官相关的语义都能得到提前激活，所以具体性高低的影响就小；只有在义符与动作器官不一致或无关时，在提取整词语义之前不能激活动作器官的语义，具体性才发生重要影响。因此，本研究结果证明，汉语动作动词的结构特点能够影响动作器官或动作工具意义的认知。

在本研究中，我们考查了汉语动词词形结构的一个重要特点，即大部分汉语动作动词都有标志动作发出器官或动作使用工具的义符，对动作动词语义提取有影响。结果表明，这一特点对汉语动作动词的动作器官或动作工具的语义提取产生了重要影响。它影响汉语动作动词动作器官或工具语义提取的过程、速度和准确性。与汉语比较，拼音文字（如英语）从词形结构上并不能看出动作由何种器官发出或者通过何种工具完成。因此，提取英语动作动词动作器官或动作工具的语义就必须走先词汇通达再语义决定的道路。这样，可以预期，英语使用者对英语动词动作器官或工具的认知就可能比汉语使用者慢。对于未识多少汉字的年幼儿童而言，由于正字法意识尚未形成，义符与动作器官或工具一致与否可能对年幼儿童对汉语动词的动作器官或工具的语义的认知影响不大。这些问题还有待于今后进一步探讨。汉语动词的词形结构特点影响词义认知的研究对汉字和汉语教学有重要的实践意义。在教学过程中，将汉语动词的词形结构特点和语义的关系传授给学生，无疑有助于学生对汉字和汉语的学习。

第二节 义符在中文身体动词的语义特异性加工中的作用

一、身体动词语义特异性的认知神经机制研究现状

在大脑皮层中，表征语言和动作的区域往往被视为两个独立的功能系统。近年来的研究却表明，两个系统具有密切的关联。加工由不同器官发出的动作动词（如捡、踢、舔等）能够迅速激活大脑特定的躯体系统区域。Hauk，Johnsrude 和 Pulvermüller（2004）发现，被试做出舌、手指或腿的动作与不出声阅读由舌、手或腿发出的动作动词时，躯体运动区的激活模式相似。要求被试听某个动作的描述，如“一个男孩踢球”或“一个男人写信”，监测大脑皮层的新陈代谢水平，发现在对语言进行语义分析时，反映不同身体器官的特定补充运动区域也激活了（Tettamanti，Buccino & Cristina，2005；Wilson，Saygin，Sereno et al.，2004）。这表明，大脑中表征身体动作的特定区域参与了动作动词的语义加工。

身体动作动词的加工与躯体特定区域的关联为同一语义类别中的特异性加工提供了证据。一直以来，语义知识的神经基础研究主要以脑损伤患者的研究为主，但研究结果并不一致。有报道称，脑损伤病人存在选择性的生命体或非生命体知识难以提取的现象，提示语义知识在脑中是按分类学来组织的（即语义知识的类别特异性假设）；也有研究者发现，脑损伤患者存在同一语义类别的特异性损伤分离现象（Hart，Berndt & Caramazza，1985；Hart & Gordon，1992；Farah & Wallace，1992；Caramazza & Shelton，1998）和跨类别语义损伤现象（Warrington & Shallice，1984；Warrington & McCarthy，1987）。虽然身体动词属同一词性，亦都属生命体的知识，却依然在各研究中表现出了语义的特异性加工效应：不同的躯体动作动词在主运动皮层、补充运动皮层和前额叶区激活区域存在差异（He，Dun & Strick，1993；Rizzolatti，Fogassi & Gallese，2001）。Pulvermüller，Lutzenberg 和 Preissl（1999）发现，与腿、手和脸有关的动作动词在大脑中有不同的激活模式，表征腿的动作动词在大脑中的激活区域比表征手和脸的动作动词更大。Hauk 和 Pulvermüller（2004）通过使用多通道的 EEG 方法，对动作词语的神经生理学差异进行研究也发现，在匹配了神经语言学和认知的因素，如词频、词广、可想象度、激活度

和喜好度等之后，在220ms左右不同动作词语仍然表现出了显著差异。与腿相关的动词激活了头顶大脑中央的区域，而与脸相关的动词则在大脑左半球的额叶下部能够得到更多的激活。这一结果与早期研究的发现一致，即动作词语的子类别在视觉刺激呈现后的200ms能够出现认知神经心理上的差异（Hauk et al.，2004；Pulvermüller et al.，1999）。

不同语言的认知神经机制也存在差异。Siok，Perfetti，Jin和Tan（2004）发现，使用表意象形文字的中国人与使用拼音文字的西方人的大脑中，语言障碍区不在同一个地方，中国人有独特的语言区。使用拼音文字的人，常用的是后脑的威尔尼克语言区；而使用中文的人，此区几乎用不到，中文的语言区更接近于大脑运动功能区，常用的是前脑的布鲁卡区。分析原因，可能与两种语言各自的特点有关。中文的同音字非常多，比如“家”的同音字可以有佳、加、嘉、珈、枷、袈等，单说出一个字，很难理解是什么意思。而英文中同音字非常少，当听到一个词一般就能反映出某样东西。中文语言功能区与运动区有着紧密联系。

目前，语义知识特异性的研究以认知神经科学研究居多。之所以如此，与选材范围狭窄、材料匹配困难有关。已有研究支持不同身体动词在认知神经指标上存在差异的观点。有关研究发现，在大脑皮层上有许多区域受刺激时会产生躯体运动，其中以主运动区和补充运动区更突出。皮层代表区范围的大小与躯体的大小无关，而与躯体运动机能的机动性和细致程度有关。例如手、手指、唇、趾的机动性大，动作细致，代表区也大；臀、躯干的机动性小，动作粗大，代表区却小。某一器官的皮层代表区越大，意味着由此起源的神经元越多，支配器官的活动越细致。那么，身体动作的脑加工机制对相应动作动词的加工有无影响？义符作为汉字由形达义的载体，其表形、表义和表语法的功能已得到大量研究的支持（张积家等，1990；张积家等，1993；佘贤君等，1997；金花、刘鹤龄、杨娅玲、莫雷，2005）。中文大部分动作动词都用义符标示动作的使用器官，但也有部分动作动词没有标示动作器官的义符，而中文动作动词的这一特点对认知有何影响？本研究拟采用词汇判断与命名两种研究范式进行探讨。

二、表征动作器官的义符对汉语动作动词认知影响的实证研究

（一）实验1　不同种类的中文身体动词的词汇识别

1. 研究目的

在控制其他变量的基础上，探讨汉语身体动词在词汇判断指标上是否存在差异，及其有、无义符的影响。

2. 研究方法

（1）被试：31名大学本科生，男生15人，女生16人，平均年龄20.1岁，视力正常或矫正后正常。

（2）设计与材料：采用4（身体器官：眼/口/手/脚）×2（义符与整字的意义一致/不一致）两因素重复测量设计。材料由60个单字身体动词构成，大部分为左右结构，义符位于汉字左边。身体动词包括眼、口、手、脚4类，每类15个词。每类身体动词包含两种条件：①有义符标记且义符与动作发出器官一致，称为“一致条件”，如打、眯等，有10个词；②无义符或有义符但义符与动作发出器官不一致，称为“不一致条件”，如亲、偷等，有5个词。“一致条件”与“不一致条件”的材料数量不同，主要是因为中文中大部分身体动词都有义符标示动作器官或工具，不一致或无标示动作器官或工具的义符的词（如“听”、“登”、“举”）较少。16名大学生对材料中没有标示动作器官的义符的词进行了评定。结果表明，93%的被试均能正确评定这些词的动作器官。

匹配一致条件和不一致条件的词频、笔画数和具体性。一致条件下，包含眼、口、手、脚的义符的词平均频率分别为0.041 1、0.008 4、0.025 8、0.012 0，平均笔画数为11.3、11.0、10.6、12.3，平均具体性分数为4.66、4.80、4.62、4.89。在不一致条件中，包含眼、口、手、脚的义符的词的平均频率分别为0.064 7、0.026 3、0.021 3、0.080 2，平均笔画数为9.0、7.4、8.2、7.6，平均具体性分数为4.13、4.12、4.05、4.22。由于材料限制，部分指标不完全匹配。为了避免材料中的真词全是动作动词，特加入30个非动作动词和90个假字作为填充词。

（3）实验程序：

采用E-Prime软件编程。被试坐在计算机前，左手食指放在键盘的“F”键上，右手食指放在“J”键上。对一半被试，如果目标刺激是真字，就按“J”键；如果目标刺激不是真字，则按“F”键。另一半被试的用手规定则

相反。首先，在计算机屏幕上呈现红色注视点“＋”500ms，空屏400ms，然后在注视点位置呈现刺激，要求被试按键判断屏幕上出现的刺激是真字还是假字。如果被试在1 200ms以内未做出反应，刺激自动消失，进入400ms的空屏缓冲，随后进入同样流程进行下一次试验。计时单位为ms，误差为±1ms。在正式实验前，加入16个练习测试，一半测试以真词为材料，另一半测试以假词为材料。

3. 结果与分析

错误反应及反应时在平均数±3个标准差之外的数据不纳入分析。各实验条件下词汇判断的反应时见表2－5。由于各类词的错误率总体偏低，故不分析错误率。

表2－5　一致与否、不同身体动词的词汇判断平均反应时与标准差　单位：ms

义符与词义的关系	眼	口	手	脚
一致	569（128）	568（115）	545（119）	543（109）
不一致	535（114）	534（109）	538（112）	536（108）
平均	558	557	543	540

由于一致条件和不一致条件在材料数量上不等，在具体性、笔画数等指标上亦存在差异，故仅对一致条件和不一致条件分别进行分析，重点考察这两个条件下几种身体动词之间的反应时差异，未进行交互作用分析。

对一致条件的反应时分析表明，身体器官的主效应显著，$F(3, 90) = 3.89$，$p<0.01$。均数多重比较表明，用眼与口的动词的反应时差异不显著，$p>0.05$；用手与脚的动词的反应时差异不显著，$p>0.05$；但用口与用手、脚的动词的反应时差异显著，p值均小于0.05；用眼与用手、脚的动词的反应时差异显著，p值分别小于0.01和0.05。用眼和口的动词的反应时显著长于用手和脚的动词。在不一致条件下，身体器官的主效应不显著。

实验1表明，不同类型的身体动词的词汇判断反应存在差异。具体表现为：在有标示动作器官义符的身体动词中，用口和眼的动词的反应时比用手和脚的动词长。

（二）实验2　不同种类的中文身体动词的命名

1. 研究目的

在控制其他变量的基础上，进一步探讨汉语身体动词在词汇命名指标上是否存在差异，及其有、无义符的影响。

2. 研究方法

（1）被试：30 名大学本科生，男生 14 人，女生 16 人，平均年龄 20.1 岁，视力正常或矫正后正常。

（2）设计、材料与程序：与实验 1 基本相同。通过麦克风与反应盒连接收集数据。主试记录被试反应正确与否。

3. 结果与分析

同实验 1。错误反应以及反应时在平均数 ±3 个标准差之外的数据不纳入分析，删去数据占 3.5%。被试对各类词的命名反应时见表 2－6。由于被试在大多数情况下都能正确地命名，因此，也不对错误率进行分析。

表 2－6　一致与否、不同身体动词的命名平均反应时和标准差　　单位：ms

义符与词义的关系	眼	口	手	脚
一致	547（80）	549（90）	525（60）	510（80）
不一致	555（99）	545（78）	525（79）	497（71）
平均	551	557	525	504

重复测量方差分析表明，一致与不一致的主效应显著，$F(1, 29) = 45.58$，$p < 0.001$，动作器官的主效应也显著，$F(3, 87) = 5.61$，$p = 0.001$。然后，对一致条件下 4 组词的命名反应时进行比较。结果表明，动作动词类型的主效应显著，$F(3, 87) = 14.16$，$p < 0.01$。方差分析后的均数多重比较表明，对用眼和口完成动作的动词的反应时显著长于对用手和脚完成动作的动词的反应时，$p < 0.05$，但眼与口完成动作的动词之间的反应时差异不显著，$p > 0.05$，对用手和脚完成动作的动词之间的反应时差异显著，$p < 0.05$。对不一致或无义符条件下 4 组词的反应时分析表明，动作动词类型的主效应显著，$F(3, 87) = 47.75$，$p < 0.001$。方差分析后的均数多重比较表明，除了用眼的动作动词与用口的动作动词差异不显著外，其他类型的动作动词命名反应时两两比较，被试分析均差异显著，$p < 0.05$。被试对用眼和口完成动作的动词反应时显著长于对用手和脚完成的动作的动词，对用手完成动作的动词的反应时长于用脚完成动作的动词。

（三）讨论和结论

1. 讨论

概念知识在大脑中表征和加工方式的探讨是认知神经科学研究的重要课题之一。目前，主要有两种观点：①认为不同类型的概念知识（如感官的/运动的，种类的/领域的）有着不同的神经通路。②认为概念知识的表征加工是在一个统一的认知神经网络下进行的。对表现出特定语义类别缺陷的脑损伤患者的研究大多支持前一观点，即根据概念知识的表征领域或者特征不同，在大脑中储存的位置也有所不同。然而，通过人工智能模拟脑损伤的证据却表明，统一的语义系统网络也可能出现特定种类的缺陷，特定词类损伤的表现与特定脑区的选择性损伤之间并无必然联系。例如，尽管有生命物体信息的加工缺陷常常与双侧的颞叶的损伤相联系，有的脑损伤患者在其他脑区的损伤也表现出相同的加工缺陷。采用动态形态测量学分析发现，即便都是颞叶的损伤，受损程度也存在一定差异（Pulvermüller，2005；Tyler，Stamatakis & Dick et al.，2003）。还有研究表明，表达情绪的抽象词语，如（害怕、愤怒等）加工与脸、手相关的身体动词的激活脑区有一定重叠（Moseley，Carota，Hauk，Mohr & Pulvermüller，2012）。有研究者指出，感知运动的神经系统不仅是身体动词加工的基础，也是整个语言的神经基础（Pulvermüller & Fadiga，2010）。总的来看，越来越多的研究支持后一观点。

身体动词加工的认知神经机制的研究为同一语义范畴的特异性加工提供了证据，但认知神经机制的差异在行为指标上是否有所反映？本研究表明，义符与身体动词的意义一致或不一致在词汇判断和命名中出现了不同的反应模式：在词汇判断中，在一致条件下不同动作器官的动词的反应时差异显著，在不一致条件下差异不显著；在命名中，无论是一致条件，还是不一致条件，不同动作器官的动词的反应时差异均显著。之所以如此，可能与实验任务的要求有关。词汇判断要求判断词的合法性，要对词形结构进行较多分析。当词形不包含与动作器官一致的义符时，对动作器官信息的激活不明显。对有标志动作器官的义符的动词，容易激活动词的动作器官信息。因此，具有标志动作器官的义符的词的反应时就出现差异。在命名中，由于要求对词命名，被试更多地关注语音信息，对词形结构的分析要求较低，语义加工却比词汇判断更加充分，因而有更多的脑生理过程卷入其中。通过加工整词，身体动词的动作器官意义得到激活。所以，无论是在一致条件下还是在不一致条件下，脸部的动作动词与手或腿的动作动词的命名反应时均存在显著差异。

命名用手的动词比命名用脚的动词反应时更长，既有认知的原因，也有生理激活的原因。从认知角度看，具有“扌”的汉字远多于具有“⻊”的汉字。对 2 500 个汉字的义符统计表明，具有“扌”的汉字有 134 个，具有“⻊”的汉字仅有 21 个。“扌”义符的出现，可以激活众多的词汇候选者，然后才逐步排除。因此，候补词越多，检索目标词的时间会越长。但这不是唯一的原因。因为在义符与动作发出器官不一致或无义符条件下，由脚发出动作的词的命名反应时也短。很可能在词汇的心理表征和生理表征之间存在某种对应，由于用手做的动作远多于用脚做的动作，所以，在激活总能量有限的情况下，表征用脚的动词的心理节点和生理节点得到的激活可能比表征用手的动词的心理节点和生理节点多，容易达到反应阈限，更快地做出反应。因此，字词识别包含了词汇的物理表征、心理表征和生理表征的相互作用。认知神经科学的相关研究表明，用腿的动词比用面部或者手的动词在额叶顶部的皮层区域激活要大，这在某种程度上佐证了本研究的结果。

总的来看，语言加工是一个系统工程，其运作与诸多因素有密切关联。皮层大部分区域都参与了词义加工，远非由一两个区域控制那么简单（Humphreys & Forde，2001）。人类对外界信息的加工建立在已经发展的基础上，而联想记忆是概念和词义加工的基本方式（Fuster，1995）。Pulvermüller（2001）发现，语义信息通过加强位于左半球的语言区域中的神经元突触联系进行储存，这些词语指代的物体或动作的视觉信息则在其互补的脑区加工。例如，对表征具体物品的词语（如“太阳”），加工的互补脑区位于颞叶和枕叶下方的视觉皮层，对表征具体动作的词语（如“走”），加工的互补脑区位于运动、前运动和前额叶区域。脑损伤患者的双分离现象以及神经镜像研究得出的不同皮层区域激活都支持这一观点（Warrington et al.，1987；Martin，Wiggs，Ungerleider & Haxby，1996；Pulvermüller，1999；Kiefer，2001）。因此，通过词汇判断和词汇命名这两种行为学的典型研究范式对身体动词内部的研究表明，身体动词加工既与相应躯体动作的表征有关，也与语言本身的特点有关，还与不同的加工任务有关，语言的使用是一个系统工程。

2. 结论

（1）不同种类的中文身体动词在词汇判断和命名中存在差异。

（2）语言特点和加工任务对中文身体动词的特异性加工也有影响。

第三章

义符句法性的实证研究

第一节 义符句法性的研究现状

名词与动词作为语言中的两大词类，一直受到认知心理学家和认知神经科学家的关注。人们关心名词和动词的获得年龄、认知加工和神经表征的差异。一些研究表明，名词是儿童最初词汇中的主要词类，名词获得比动词早（Nelson，1973；Gentner，1982）。另一些对非英语儿童（如汉语儿童和韩语儿童）的研究却表明，名词获得并不比动词早（Levey et al.，2003；Tardif，l996；Gopnik，1981；Mandler，1992）。儿童早期词类的研究结果不同，理论解释也有差异。对儿童获得名词早的现象，主要有3种解释：①自然划分假设。认为动词和名词获得早晚的差异来源于具体事物概念和活动状态概念、因果关系概念的差异。名词常指代物体，中心意义简单、具体、好把握。动词一般指向动作、状态和关系，意义复杂，包含句法信息，如动作发起者、接受者、时间、地点和工具的信息。关系术语处于不断变化中，因而难以掌握（Gentner，1982）。这种观点受到挑战，因为婴儿早期就有动作概念，能产生动词和关系词（Mandler，1992）。②语义组织假设。认为名词代表易知觉成整体的物质，语义具有层次结构，多属类属关系，更可预见。动词语义结构有多种组织原则，以非层次维度（变化、意向性、因果方式）表征，语义关系复杂，因此更难学（Gopnik，1981；Markman，1997）。③语法解释。认为动词有较多语素变化形式，在句子中的典型位置和名词不同，句法功能更重要（Hoff-Ginsberg，1993）。对非英语儿童与英语儿童的不同倾向也有3种解释：①结构差异说。认为词汇获得差异与语言结构差异有关。英语动词常出现在句子中间，汉语动词常出现在突出位置（句首或句末），儿童常注意句子的突出位置（Slobin，1985）。②语言环境说。认为词汇获得倾向与语言环境有关。英语成人与儿童讲话时使用名词多，汉语和韩语成人与儿童讲话时使用动词多。成人使用频率高的词易成为儿童掌握的第一类词（Hoff - Ginsberg，1993；Au，1994）。③词汇形态说。认为词类掌握早晚与词汇形态有关。某些语言的某些词类，形态更单一。中文动词与名词词形变化少，变化也有规律，不明显改变词音。英文名词比动词简单，有标词性的后缀。这样，英语儿童就更容易掌握名词，汉语儿童对动词和名词的掌握就无明显差异。

一些研究考察动词和名词在心理词典中的组织和通达。Deutsch 等人（1998）研究了希伯来语动词和名词的词根与词形模式在词汇通达中的作用。希伯来语词由两部分构成：词根（root）和词形模式（word pattern）。词根通常由三个辅音组成，词形模式要么由一系列元音组成，要么由元音和辅音结合构成。词根指明词的中心意义，词形模式标明词的语法信息和一些模糊的语义特征。他们发现，名词词根对名词有启动作用，动词词根对动词有启动作用，动词词形模式对动词通达有影响。他们提出一个词汇通达模型，认为名词的词形结构由两级水平组成：单词和词根。动词的词形结构也由两级水平组成：单词和词根及词形模式。词汇加工既包括词汇水平提取，也包括词根或词形模式的形态分解，这两个加工阶段可同时出现，也可相互促进。依据这个模型，所有含有相同词根的词不需要语义背景即可形成词族。无论是动词还是名词，只要由相同的词根派生，就有共同的词形单元。词根效应超越词类界线，它既是名词通达的基本单元，也是动词通达的基本单元。但在动词中，词形模式与词根同处在亚词汇水平。动词加工也要经过词形分解和整词搜寻，但词形分解简单，是自动化的过程。名词的词根多，不同字母组成不同词根的机会多，从众多词根中搜索目标词根难度大。动词的词根数量有限，字母组成词根的可能性小，识别目标词根难度也小。动词的词形模式成为加工单元，由语义因素和词形模式分布共同决定。这一解释和 Laudanna 等人对意大利语派生词加工的解释一致（Laudanna et al.，1987）。Bentin 等人认为，加工书面词要把多词素词分解为词根和词的结构方式（Bentin & Frost，1995）。Forster（1994）和 Feldman 等（1995，1997）也证实了词形结构方式在词汇加工中的心理现实性。

大量研究探讨了动词和名词神经表征的差异。结果发现，大脑按照词类来组织和加工词。名词加工主要位于颞叶及视觉物体加工区，动词加工主要位于额叶及运动区（Garamazza & Hills，1991）。大脑右半球更适合名词加工，左半球更适合动词加工（Sereno，1999；Nieto，Santacruz，Hernandez et al.，1999）。名词命名障碍患者的脑损伤往往在左颞叶前中部分，动词命名障碍患者的脑损伤往往在左前额叶（Grossman & Koeing，2003）。Perani 等人（1999）探讨了加工具体名词、抽象动词和名词时的脑活动，发现脑激活区域和语义内容有关。Pulermüller 等人（2004）发现，在刺激呈现后约 200ms，动词和名词在广泛的皮层区域存在 ERP 差异，特别是在运动皮层和视皮层。张钦、丁锦红和郭春彦（2003）发现，汉语名词与动词 ERP 差异从刺激呈现后 200ms 就开始了，二者差异主要在左、右半球的额叶和颞叶。但是，也存在不一致的结果。Chiarello 和 Liu（2002）在平衡词的具体性基础上，使用不同任务研究名词、动词加工的脑活动，并未发现脑加工区与词类的交互作用。Bird，Howard 和 Franklin（2000）发现，具体性等级相当的名词与动词加工没有不同的神经机制。

从以上回顾可知，动词与名词的差异可能发生在以下水平：①亚词汇水平；②词汇水平；③概念—语义水平；④神经生理水平。但是，动词和名词的分离究竟主要发生在何种水平，目前仍未形成一致看法。Broca 失语症病人的动词损伤可能位于 lemma（由词的语法信息组成）水平，而流畅型病人的动词损伤则可能位于 lexeme（语音输出词汇）水平。因此对动词和名词的分离问题，仍有必要进一步研究。

中文不同于拼音文字，由汉字组成。汉字是表意文字。中文动词和名词由汉字表征。词形结构特征在中文动词和名词分类中的作用至今未见有探讨。之所以如此，与中文的复杂性有关。中文的一个重要特点是词的分类不明显，许多词在语法上兼类。如“花”既是名词，指植物的部分，也是动词，如“花钱”、“花时间”。“绿”既是名词，指一种颜色，也是形容词，如“绿叶”，有时也可作动词用，如“春风又绿江南岸”。但是，这种兼类现象不应影响对中文词句法特性所进行的探讨。中文中许多汉字虽兼类，但它们表示不同句法的功能不一样，或更多地表名词，或更多地表动词。同时，汉字主体是形声字。形声字虽无表名词或动词的词缀，却有表义的义符。义符标明词的类属与词义。与拼音文字不同，中文动词和名词也有自身的结构规律。名词大多标记事物的物质组成（be made from or made of …），如凡表征用木做成的事物的名词大多从“木”，如桌、椅；凡表征由金属组成事物的名词大多从“钅”，如铲、锤；凡表征由水构成事物的名词大多从“氵”，如海、河。中文动词大多标记动作发出的器官或完成动作的工具（by…）。如表征由手发出动作的动词多从“扌”，如折、抓；凡表征用眼完成动作的动词多从“目”，如盯、看；凡表征用脚完成动作的动词多从“足”或从“辶”，如跑、迈；凡表征用刀完成动作的动词从“刀”或“刂”，如切、削。这一点与英文很不相同。这类字占全部形声字的大多数。因此，汉字可以“见字知类”，不仅可知语义的类，还可知语法的类。

20 世纪 90 年代以来，一些学者开始研究义符在中文词认知中的作用。目前，已得出的研究结果发现了义符在中文词范畴语义、特征语义中的作用（张积家、张厚粲和彭聃龄，1990；1991；1993），并发现了义符线索对词汇通达的影响（佘贤君等，1997）。但是，对义符在中文动词和名词分类中的作用至今还未见有探讨。之所以如此，与义符的复杂性有关。义符表句法范畴的特点也不十分规则，存在一些例外。如“口”主要是动词性义符，但也有少数有“口”义符的词，如兄、吾、嘴、喉是名词；技、势从“扌”，但为名词；钓、铸从“钅”，却属动词。另外，还有一些名词、动词，特别是由非形声字表征的词，没有明显标明物质构成或动作器官或动作工具的标记，如书、写、画等。这种不十分规则的情况同样也不应影响对义符区分词的句法范畴的功能进行探讨。英文句法中也存在类似情况，如不规则动词。根据我们已经完成的对 2 500 个常用汉字的调查，不同义符有不同的句法范畴倾向，如“扌”、“刂”等是具有明显动词倾向的义符，汉字中具有这些义符的字中只有少数是名词；“钅”、“木”等是具有明显名词倾向的义符，汉字中具有这些义符的字中也只有少数是动词。虽然某些义符的句法范畴倾向不明显，但汉字中有明显句法范畴倾向的义符还是占大多数。在我们调查的 145 个义符中，句法倾向比较明显的有 130 个，约占 90%。另外，人的心理词典组织和词汇提取也并不完全符合语言学规则。人只有有限理性，在认知中经常不顾事件的先验概率，采用启发式策略，如代表性启发、可得性启发等（Kahneman & Tversky，1972；Tversky & Kahneman，1975）。在这种情况下，义符在区分词的句法范畴方面就可能发挥作用。

中文读者对动词和名词的加工过程如何？义符在中文动词和名词分类中起什么作用？中文动词和名词在心理词典中如何表征？这些问题都十分令人感兴趣。探讨这些问题，不但可以丰富中文认知理论，也可以揭示中文和中文认知的特殊性。和以往研究不同，本研究指向中文词语法意义的提取。另外，已有的研究结果不一致、材料不同是重要原因。如有的研究同时考察具体名词、抽象名词、具体动词和抽象动词，但未平衡影响字词认知的其他因素，如词频、词长和具体性等。本研究将平衡这些变量，以凸显义符、词频和具体性在中文词分类中的作用，并试图探究义符的句法范畴倾向性在动、名词分类中的影响。

第二节 义符的句法特征对动词、名词分类影响的实证研究

一、实验1 义符对汉语动、名词分类的影响

（一）研究目的

在平衡词频、具体性和笔画数的基础上探讨汉字义符在汉语动词和名词分类中的作用。

（二）研究方法

1. 被试

28名大学本科生，平均年龄19.6岁，男女各半，视力正常或矫正后正常。

2. 实验设计与材料

采用2（名词/动词）×3（义符与词类一致的词/无义符标记的词/义符与词类相反的词）的重复测量设计。其中“无义符标记”指词没有明显标明构成事物的物质（如木/水/土/石等）或动作器官（或动作工具）的义符（下同），而不是没有任何义符。“义符与词类相反”指名词具有通常标动作器官或动作工具的义符，如“拇”、“踝”、“舌”、“睛”、“剑”等，动词具有通常标构成事物物质的义符，如“洗”、“铸”、“析”、“砍”、“埋”等。根据对2 500个常用字的统计，虽然“氵”、“土”和“石”也可理解为广义的动作工具，但它们主要还是表名词（即表构成事物的物质）的，它们表名词的概率分别为38.00%、45.58%和58.37%。从北京语言学院编的《现代汉语频率词典》中选出语法上不兼类的名词、动词共1 016个。为排除熟悉性的影响，选词时排除词频很高或很低的词。将词随机排列，打印在纸上，由64名大学生进行具体性评定。评定采用7点量表，7表示词所代表的事物或动作有鲜明形象、非常具体，1表示词所代表的事物或动作无鲜明形象、非常抽象。在平衡词频、笔画数和具体性基础上，选出义符与词类一致的名词（有标明事物物质组成的义符）、义符与词类一致的动词（有标明动作器官或动作工具的义符）、无义符标记的名词（无标明事物物质组成的义符）、无义符标记的动词（无标明动作器官或动作工具的义符）、义符与词类相反的名

词、义符与词类相反的动词各20个，共120个词。120个词的统计信息见表3－1。统计检验表明，6组词的各项指标差异不显著，$p>0.05$。

表3－1　实验材料统计信息表

词类	实验材料举例	平均频率（次/百万）	平均笔画数	平均具体性
义符与词类一致的名词	汽铜桨矿坟	226	9.55	5.14
义符与词类一致的动词	捉跨吹盯削	228	9.70	4.77
无义符标记的名词	田雨盆屉阁	216	9.00	5.06
无义符标记的动词	举奔尝阅宰	221	9.55	4.73
义符与词类相反的名词	技趾舌睛剑	221	9.95	5.08
义符与词类相反的动词	查铸铡析培	219	9.70	4.77

3. **实验程序**

采用E－Prime系统进行实验。120个刺激随机排列，每个被试接受所有的实验材料。被试坐在计算机前，眼睛距屏幕60cm，右手食指放在“J”键上，左手食指放在“F”键上。要求既快又准确地判断屏幕中央出现的词是动词还是名词。若是动词，按“J”键；若是名词，按“F”键（一半被试按此规定，另一半则相反）。词为2cm×2cm的黑色楷体，背景为白色。实验开始时，先在屏幕中央出现十字形的注视点，时间为400ms，然后空屏400ms，刺激呈现时间为400ms。被试做出反应后，间隔3s，呈现下一个刺激。计算机自动记录从刺激呈现到被试反应的时间间隔和错误率。正式实验前，用20个非实验词练习。实验中途休息3分钟。

（三）结果与分析

分析时去掉在平均数±2个标准差之外（低于230ms和高于1 500ms）的数据，删去13个数据（3.8%）。被试对各类词的平均反应时和平均错误率见表3－2和图3－1、图3－2。

表3－2　被试对不同类型词分类的平均反应时和平均错误率

词类	义符与词类一致		无义符标记		义符与词类相反	
	反应时（ms）	错误率（%）	反应时（ms）	错误率（%）	反应时（ms）	错误率（%）
名词	623	5.7	634	6.4	707	32.0
动词	590	4.1	651	9.3	674	23.0

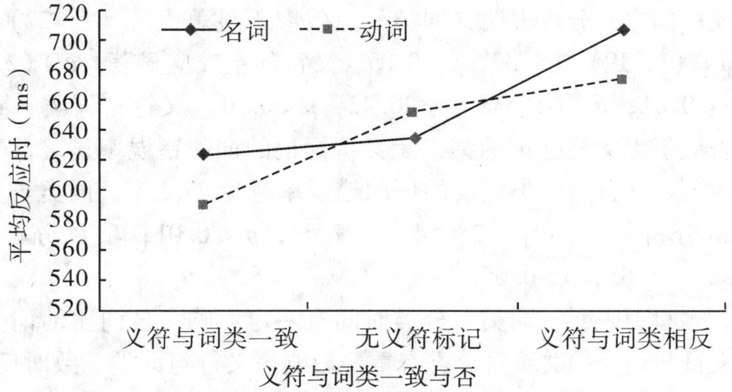

图 3－1　被试对不同类型词分类的平均反应时

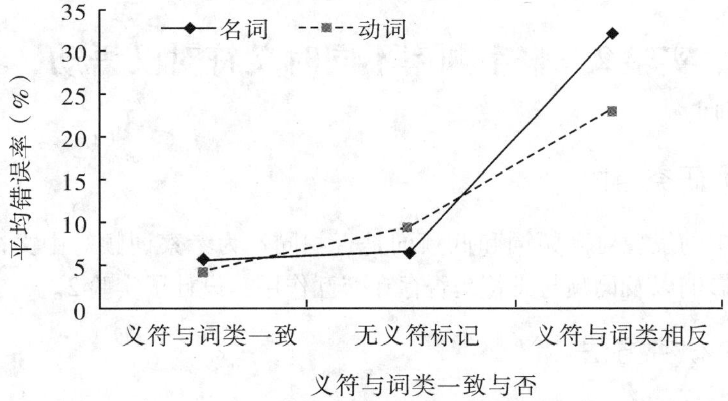

图 3－2　被试对不同类型词分类的平均错误率

对反应时的方差分析表明，词类的主效应显著，F_1（1，27）$=4.77$，$p<0.05$；F_2（1，19）$=6.98$，$p<0.05$。动词反应时比名词短。义符的主效应显著，F_1（2，54）$=88.21$，$p<0.01$；F_2（2，38）$=27.29$，$p<0.01$。义符与词类一致的词比无义符标记的词分类快，义符与词类相反的词分类最慢。词类与义符的交互作用显著，F_1（2，54）$=9.21$，$p<0.01$；F_2（2，38）$=3.63$，$p<0.05$。简单效应分析表明，在名词分类中，义符和词类一致的词和无义符标记的词差异不显著，$p>0.05$，但义符和词类一致的词、无义符标记的词和义符与词类相反的词差异显著，$p<0.001$。但在动词分类中，三组词的两两差异都非常显著，$p<0.001$ 或 0.01。简单效应分析还表明，义符与词类一致或相反时，动词的分类时间明显比名词短，$p<0.001$；无义符标记时，动词和名词的分类时间差异不显著，$p>0.05$。因此，义符效应在动词和名词中都存在，但对动词影响更大些。

对错误率的方差分析表明，词类的主效应不显著，F_1（1，27）=3.13，$p>0.05$；F_2（1，19）=1.37，$p>0.05$。义符的主效应显著，F_1（2，54）=105.45，$p<0.01$；F_2（2，38）=26.48，$p<0.01$。义符与词类一致的词的错误率显著低于无义符标记的词，无义符标记的词的错误率显著低于义符与词类相反的词。义符与词类相反的词的错误率竟达27.5%。词类与义符的交互作用被试分析显著，F_1（2，54）=7.63，$p<0.01$；项目分析不显著，F_2（2，38）=1.85，$p>0.05$。

因此，实验1表明，词类对分类时间有一定影响，名词比动词分类反应时长些；义符与词类的关系对分类有重要影响，义符与词类一致时反应时短，错误率也低；义符与词类相反时反应时长，错误率亦高。词类与义符有显著的交互作用，义符对动词的分类影响更大些。

二、实验2　整字频率不同时义符对汉语动、名词分类的影响

（一）研究目的

实验1的发现对高频词和低频词是否相同？为考察词频对中文视觉词语法分类的影响以及词频与义符是否存在交互作用，设计了实验2。

（二）研究方法

1. 被试

32名大学本科生，平均年龄19.2岁，男女各半，视力正常或矫正后正常，均未参加过实验1。

2. 实验设计与材料

采用2（名词/动词）×2（义符与词类一致/无义符标记）×2（高频/低频）三因素重复测量设计。从《现代汉语频率词典》中选出高频名词、高频动词、低频名词、低频动词共998个。高频词的频率为120次/百万以上，低频词的频率为100次/百万以下。将词随机排列，打印在纸上，由56名学生采用7点量表进行具体性评定。根据评定，在匹配笔画数和具体性基础上，选出高频、义符与词类一致的名词、动词各10个，高频、无义符标记的名词、动词各10个，低频、义符与词类一致的名词、动词各10个，低频、无义符标记的名词、动词各10个，共80个词。实验材料的统计信息见表3-3。统计检验表明，高频词和低频词的词频差异显著，$p<0.01$；各组词的平均笔画数、具体性分数差异不显著，$p>0.05$。实验时，80个刺激随机呈现，每个

被试接受所有实验材料。

表 3－3 实验材料统计信息表

实验材料种类	实验材料举例	平均频率（次/百万）	平均笔画数	平均具体性
高频、义符与词类一致的动词	抓跑吸盼划	526.8	9.1	4.75
低频、义符与词类一致的动词	扶跺吮眨剁	50	8.8	4.70
高频、义符与词类一致的名词	钢板矿城案	531.2	8.9	5.14
低频、义符与词类一致的名词	铅栏砖寺汁	48	8.9	4.94
高频、无义符标记的动词	穿念观买杀	523.3	8.6	4.80
低频、无义符标记的动词	舀窜饮窥宰	49	8.7	4.73
高频、无义符标记的名词	盾窗陆岸血	530.1	8.3	5.22
低频、无义符标记的名词	壶丘邑阁窑	47	8.9	4.99

3. **实验程序**

同实验 1。

（三）结果与分析

分析时去掉反应时在平均数 ±2 个标准差之外（低于 250ms 和高于 1 700ms）的数据，共删去 16 个数据（6.2%）。被试对各类词的平均反应时和平均错误率见表 3－4、图 3－3 和图 3－4。

表 3－4 被试对不同类型词分类的平均反应时和平均错误率

词类	义符与词类一致				无义符标记			
	高频		低频		高频		低频	
	反应时（ms）	错误率（%）	反应时（ms）	错误率（%）	反应时（ms）	错误率（%）	反应时（ms）	错误率（%）
名词	617	7.2	635	7.6	646	9.1	677	10.0
动词	582	3.7	601	4.4	626	6.0	690	12.2

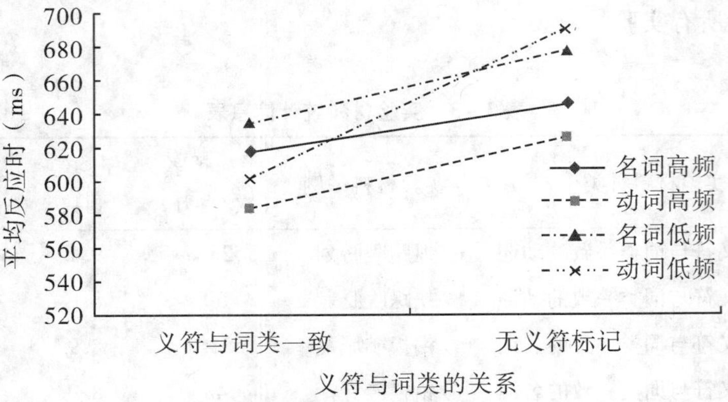

图 3-3　被试对不同类型词分类的平均反应时

对反应时的方差分析表明，词类的主效应被试分析显著，F_1（1，31）=11.83，$p<0.01$。动词的分类时间比名词短；项目分析不显著，F_2（1，9）=2.80，$p>0.05$。义符的主效应显著，F_1（1，31）=24.68，$p<0.01$；F_2（1，9）=46.38，$p<0.01$。义符与词类一致的词分类时间短。词频的主效应显著，F_1（1，31）=24.29，$p<0.01$；F_2（1，9）=7.56，$p<0.05$。高频词分类显著快。词类与义符的交互作用被试分析显著，F_1（1，31）=10.86，$p<0.01$；项目分析不显著，F_2（1，9）=4.36，$p>0.05$。名词中义符与词类一致的词与无义符标记的词反应时之差为35.5ms，动词中义符与词类一致的词与无义符标记的词反应时之差为66.5ms。义符对动词影响更大些。词类与词频的交互作用不显著，F_1（1，31）=1.90，$p>0.05$；F_2（1，9）=1.44，$p>0.05$。但在无义符标记条件下，名词与动词的分类反应时在高频词和低频词上有不同趋势：在高频词中，动词比名词分类快些；在低频词中，动词比名词反应慢些。义符与词频的交互作用被试分析显著，F_1（1，31）=7.77，$p<0.01$；项目分析边缘显著，F_2（1，9）=4.88，$p=0.054$。义符与词类一致时，高频词和低频词反应时之差仅为18.5ms；无义符标记时，高频词和低频词反应时之差却为47.5ms。因此，词频对无义符标记的词影响更大。高频词中义符与词类一致的词与无义符标记的词反应时之差为36.5ms，低频词中义符与词类一致的词与无义符标记的词反应时之差为65.5ms。因此，义符对低频词影响更大。词类、义符与词频三者交互作用不显著，F_1（1，31）=1.26，$p>0.10$；F_2（1，9）=5.03，$p=0.052$。

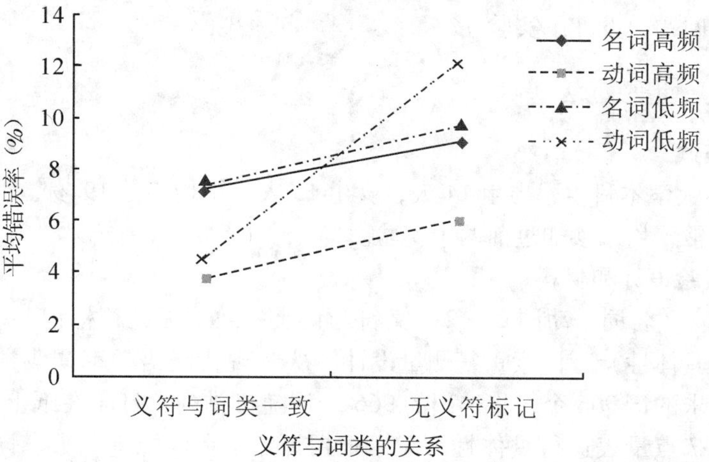

图3-4　被试对不同类型词分类的平均错误率

对错误率的方差分析表明，词类的主效应不显著，F_1（1，31）=3.62，$p>0.05$；F_2（1，9）=3.32，$p>0.05$。义符的主效应显著，F_1（1，31）=10.80，$p<0.01$；F_2（1，9）=8.57，$p<0.05$。义符与词类一致的词错误率显著低。词频的主效应被试分析显著，F_1（1，31）=4.34，$p<0.05$，高频词错误率低；项目分析不显著，F_2（1，9）=1.96，$p>0.05$。词类与义符的交互作用不显著，F_1（1，31）=1.24，$p>0.05$；F_2（1，9）=0.76，$p>0.05$。词类与词频的交互作用不显著，F_1（1，31）=1.94，$p>0.05$；F_2（1，9）=2.25，$p>0.05$。义符与词频的交互作用不显著，F_1（1，31）=2.07，$p>0.05$；F_2（1，9）=1.05，$p>0.05$。词类、义符与词频三者的交互作用不显著，F_1（1，31）=1.48，$p>0.05$；F_2（1，9）=0.81，$p>0.05$。

因此，实验2表明，义符与词类一致的词比无义符标记的词分类时间短，错误率亦低。高频词的分类时间比低频词短。词类与义符有一定的交互作用，义符对动词分类的影响更大些。义符与词频有显著的交互作用。对无义符标记的词，词频作用更显著。义符在低频词中的作用更明显。

三、实验3　具体性不同时义符对汉语动、名词分类的影响

（一）研究目的

大量研究表明，具体性高的词容易认知。义符对动词和名词分类的影响是否随词的具体性不同而不同？义符和具体性在分类中是否有交互作用？为

回答这些问题，设计了实验3。

（二）研究方法

1. 被试

29名大学本科生，男生14人，女生15人，平均年龄19岁，视力正常或矫正后正常，均未参加过前两个实验。

2. 实验设计和材料

采用2（名词、动词）×2（义符与词类一致、无义符标记）×2（高具体性、低具体性）三因素重复测量设计。从《现代汉语频率词典》中选出词频符合要求的词966个，将选出的966个词随机排列，打印在纸上，由58名学生采用7点量表进行具体性评定。根据评定，在匹配笔画数、词频的基础上，选出高具体性、义符与词类一致的名词、动词各10个，高具体性、无义符标记的名词、动词各10个，低具体性、义符与词类一致的名词、动词各10个，低具体性、无义符标记的名词、动词各10个，共80个词。实验材料的统计信息见表3－5。统计检验表明，高具体性的词和低具体性的词具体性分数差异显著，$p < 0.01$；各组词平均词频和平均笔画数差异不显著，$p > 0.05$。实验时，80个刺激随机呈现，每个被试接受所有实验材料。

表3－5　实验材料统计信息表

实验材料种类	实验材料举例	平均频率（次/百万）	平均笔画数	平均具体性
高具体性、义符与词类一致的动词	捉跃骂睁割	164	10.0	5.43
低具体性、义符与词类一致的动词	拢踹呼眯剐	165	9.7	3.49
高具体性、义符与词类一致的名词	汁锅林岩桨	178	9.9	5.63
低具体性、义符与词类一致的名词	源案堂坪硅	185	10.0	3.38
高具体性、无义符标记的动词	舀窜饮读杀	178	9.9	5.40
低具体性、无义符标记的动词	端劝寐察斩	173	9.3	3.56
高具体性、无义符标记的名词	田盾壶户穴	188	9.4	5.63
低具体性、无义符标记的名词	灰盔陵邑座	162	8.9	4.00

3. 实验程序

同实验1。

（三）结果和分析

分析时去掉反应时在平均数 ±2 个标准差之外（低于 250ms 和高于 1 600ms）的数据，共删去 13 个（5.6%）。被试对各类词的平均反应时和平均错误率分别见表 3－6、图 3－5 和图 3－6。

对反应时的方差分析表明，词类的主效应被试分析显著，F_1（1，28）=4.43，$p<0.05$，动词分类比名词快些；项目分析不显著，F_2（1，9）=1.52，$p>0.05$。义符的主效应显著，F_1（1，28）=21.52，$p<0.01$；F_2（1，9）=13.22，$p<0.01$。义符与词类一致的词分类快。具体性的主效应显著，F_1（1，28）=31.92，$p<0.01$；F_2（1，9）=7.08，$p<0.05$。高具体性的词分类快。词类与义符的交互作用被试分析显著，F_1（1，29）=8.75，$p<0.01$；项目分析不显著，F_2（1，9）=3.79，$p>0.05$。义符对名词分类影响小，义符与词类一致的名词与无义符标记的名词反应时之差为 23.5ms；对动词分类影响大，义符与词类一致的动词与无义符标记的动词反应时之差为 54ms。词类与具体性的交互作用不显著，F_1（1，28）=1.58，$p>0.05$；F_2（1，9）=1.03，$p>0.05$。义符与具体性的交互作用不显著，F_1（1，28）=0.15，$p>0.05$；F_2（1，9）=0.04，$p>0.05$。词类、义符与具体性三者的交互作用不显著，F_1（1，28）=0.09，$p>0.05$；F_2（1，9）=0.01，$p>0.05$。

对错误率的方差分析表明，词类的主效应不显著，F_1（1，28）=1.54，$p>0.05$；F_2（1，9）=0.46，$p>0.05$。义符的主效应显著，F_1（1，28）=17.99，$p<0.01$；F_2（1，9）=6.57，$p<0.05$。义符与词类一致的词错误率低。具体性的主效应被试分析显著，F_1（1，28）=5.34，$p<0.05$，高具体性的词错误率低；项目分析不显著，F_2（1，9）=1.86，$p>0.05$。词类与义符的交互作用被试分析显著，F_1（1，28）=12.20，$p<0.01$；当义符与词义一致时动词错误率低，当无义符标记时名词错误率低；项目分析不显著，F_2（1，9）=2.18，$p>0.05$。词类与具体性的交互作用不显著，F_1（1，28）=2.11，$p>0.05$；F_2（1，9）=0.31，$p>0.05$。义符与具体性的交互作用不显著，F_1（1，28）=0.19，$p>0.05$；F_2（1，9）=0.04，$p>0.05$。词类、义符与具体性三者的交互作用不显著，F_1（1，28）=0.45，$p>0.05$；F_2（1，9）=0.06，$p>0.05$。

表 3－6　被试对不同类型词的平均反应时和平均错误率

词类	义符与词类一致				无义符标记			
	高具体性		低具体性		高具体性		低具体性	
	反应时（ms）	错误率（%）	反应时（ms）	错误率（%）	反应时（ms）	错误率（%）	反应时（ms）	错误率（%）
名词	636	4.8	657	6.2	659	6.2	680	7.9
动词	595	2.4	632	7.2	649	9.7	686	12.1

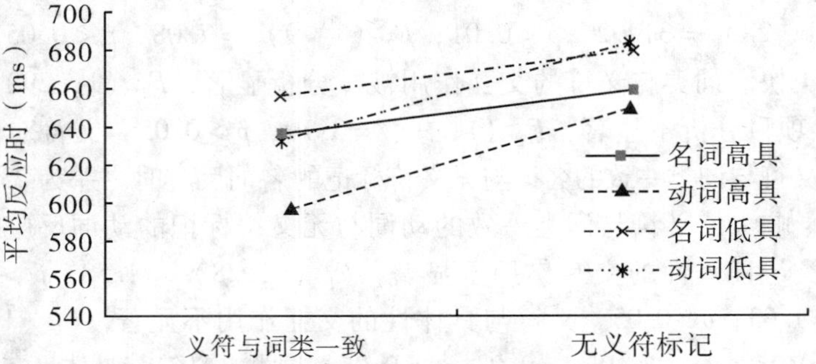

图 3－5　被试对不同类型的词分类的平均反应时

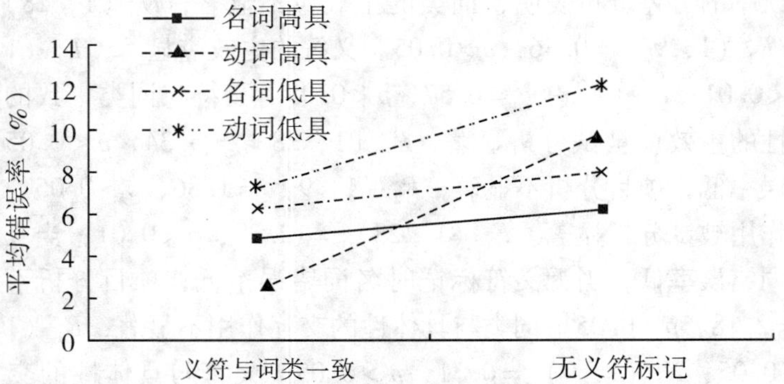

图 3－6　被试对不同类型的词的平均错误率

因此，实验 3 表明，义符与词类一致的词分类时间比无义符标记的词短，错误率低。词类与义符有一定的交互作用，义符对动词的影响更大些。高具体性的词分类快，错误率低。具体性与词类无交互作用，说明具体性对动词和名词分类都有影响。义符与具体性无交互作用，说明它们在分类中的作用可以叠加。

四、实验4 义符的句法倾向性对动、名词分类的影响

（一）研究目的

实验1、2和3的结果已经证明，义符在汉字认知中具有重要作用，义符影响汉字动词和名词的分类，但是我们都知道，义符不仅可以表征动词，也可以表征名词。如“扌”表征动词，但“技”是名词。汉语中，很多汉字都是兼类词。义符的这种兼类性又被称为义符的句法倾向性。国内有研究者对2 500个常用汉字中义符的兼类性进行了统计，通过对2 500个常用字中出现的义符进行分析，并对每个义符构成的汉字在名词、动词、形容词、副词、数量词、连词、介词、助词、象声词、叹词、代词11个词类中出现的数量进行计数，从而得出了2 500个常用字的句法倾向表。如果一个义符构成的名词较多，其在名词上的句法倾向相对就高。那么，义符的这一句法倾向性特征是否也将影响词汇的通达？这是本实验中主要探讨的问题。本研究采用了前人已经得出的2 500个常用字的句法倾向性作为义符兼类性的指标。

（二）研究方法

1. 被试

34名大学本科生，男女各半，年龄在18～22岁之间，视力或矫正视力正常。

2. 实验仪器

同实验1。

3. 实验设计及材料

采用2×2重复测量实验设计。自变量为汉字词类（名词/动词）、汉字义符的句法倾向性水平（高/低）。根据上文对2 500个常用汉字义符句法倾向的统计结果，我们把句法倾向分为三种水平：高、中、低。所谓句法倾向性水平高是指一个义符在某一词类上的赋值显著高于在其他词类上的赋值（$n_1-n_2>0.3$）。如果一个义符在某一词类上的赋值和它在另一词类上的赋值相差不大（$n_1-n_2<0.1$），则称为句法倾向性水平低。中等句法倾向性水平是指赋值水平差异处在0.1和0.3之间（$0.1<n_1-n_2<0.3$）。如义符“厂”在名词上的赋值为0.611 7，显著（$n_1-n_2>0.3$）高于它在其他两个词类上（动词0.305 0，形容词0.083 3）的赋值，则“厂”被认为是句法倾向性高的表征名词的义符；而义符“立”在动词和名词上的句法赋值分别为0.392 0

和0.399 7，在动词上赋值稍微大于名词，则称义符“立”是句法倾向性水平低的表征动词。因变量为对汉字词性判断的错误率和反应时。实验材料主要选自我们前面工作中已经建立的名词、动词数据库，平衡实验材料的词频、笔画数和具体性。具体信息见表3－7：

表3－7　实验材料统计信息表

词类	实验材料举例	平均频率（次/百万）	平均笔画数	平均具体性
义符句法倾向性水平高的名词	芦茎框桶林	349	10.09	5.55
义符句法倾向性水平低的名词	码陶陵隧院	370	9.49	5.46
义符句法倾向性水平高的动词	捕挡按挺披	402	9.80	4.66
义符句法倾向性水平低的动词	炊烤炒烂炼	368	9.66	4.54

4. **实验程序**

采用E－Prime程序编程。120个刺激随机排列，每个被试接受所有的实验材料。实验前，进行了练习，被试坐在标准化实验室的电脑前，右手食指放在“J”键上，左手食指放在“F”键上。要求既快又准确地判断屏幕中央出现的词是动词还是名词。若是动词，按“J”键；若是名词，按“F”键，直到被试认为熟悉实验程序为止。先让被试看标准化的实验指导语，然后转入正式实验。实验流程同实验3。实验中有3次1分钟的休息，整个实验持续10分钟左右。

（三）结果与分析

结果分析时发现有4个被试（2男2女）的数据不真实，他们的错误率太高或者反应时超出±2个标准差之外。先删除这些数据，然后进行统计处理。结果分别见表3－8、图3－7和图3－8。

表3－8　被试分类的平均反应时和平均错误率

词类	义符的句法倾向性水平			
	义符句法倾向性水平高		义符句法倾向性水平低	
	反应时（ms）	错误率（%）	反应时（ms）	错误率（%）
名词	598	5	621	11.1
动词	589	5.1	609	13.8

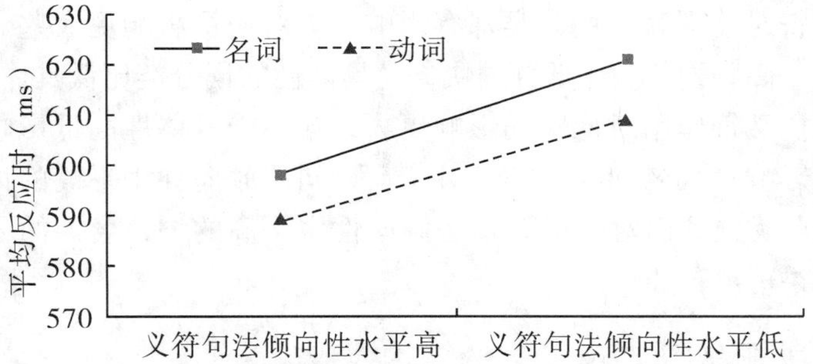

图 3－7　被试动名词分类的平均反应时

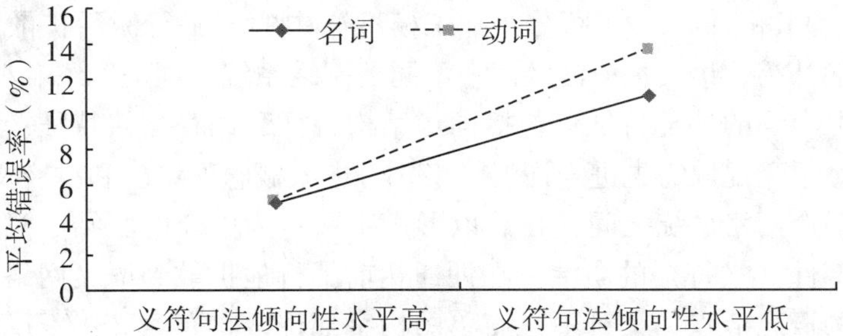

图 3－8　被试动名词分类的平均错误率

对动、名词分类的平均反应时的方差分析表明，词类的主效应显著，F_1（1，29）=4.17，$p<0.05$；F_2（1，29）=5.15，$p<0.05$，对名词的反应时显著长于对动词的反应时。句法倾向性水平的主效应也显著，F_1（1，29）=6.98，$p<0.01$；F_2（1，29）=4.98，$p<0.05$，对句法倾向性水平高的字的反应时显著短于对句法倾向性水平低的字的反应时。词性和句法倾向性水平的交互作用不显著，F_1（1，29）=0.08，$p>0.05$；F_2（1，29）=1.03，$p>0.05$。

对错误率的方差分析表明，词类的主效应不显著，F_1（1，29）=3.16，$p>0.05$；F_2（1，29）=1.37，$p>0.05$。对动词和名词词类判断的准确性没有差异。义符的句法倾向性水平的主效应显著，F_1（1，29）=112.38，$p<0.001$；F_2（1，29）=48.54，$p<0.01$，对句法倾向性水平高的字的判断显著好于对句法倾向水平低的字的判断。词类与义符的句法倾向性水平的交互作用不显著，F_1（1，29）=3.27，$p>0.05$；F_2（1，29）=0.18，$p>0.05$。

五、讨论与结论

本研究通过 4 个实验考察了义符对中文动词和名词分类的影响。结果表明，义符与词类一致的词比无义符标记的词分类快，义符与词类相反的词分类最慢。义符对动词和名词分类都有影响，但对动词影响更大些。动词比名词分类快些，高频词分类比低频词快，高具体性的词分类比低具体性的词快，错误率亦低。义符作用对低频词影响更大，却不受具体性高低影响。义符的句法倾向性影响动、名词的分类。对于动词句法倾向性水平高的词，动词的分类比名词分类快；而对于名词句法倾向性水平高的词，名词的分类比动词快。这些结果可解释如下：

（一）关于义符效应（词形结构效应）

本实验结果同样也可以用 Collins 和 Loftus“两个网络系统”理论及 McClelland和 Rumelhart“平行分布加工模型”中的“平行激活扩散”思想来解释。他们认为，语义提取涉及两个不同的网络系统：词汇网络和概念网络。词汇网络贮存词的外部特征，包括词形结构特征和词音韵律特征；概念网络贮存语义。语义提取需先进入词汇网络，再进入概念网络。和拼音文字不同，中文词的两个网络系统之间存在着以形声字义符为中介的联结。视觉输入引起的汉字部件（义符）的激活可在词通达前平行地扩散到语义网络，激活与义符有关的概念节点。义符不是简单的构字部件，它有意义：不仅能表征事物的范畴或定义特征，还能表征事物的物质组成或动作器官或动作工具。由于中文动词和名词结构上具有这种特点，所以在多次接触后，被试就进行了某种内隐学习，义符也就获得了一定的“语法意义”，有标示词类的作用。这种内隐学习是中文读者正字法意识的重要组成部分。虽然人们并不一定意识到，却影响对词的反应。此时，义符已不仅是标明词所代表的事物的范畴或定义特征的符号，也成为标明词的语法种类的符号。因此，义符也就成为认知的“块”（Chunk），这种“块”不仅是结构“块”，也是语义“块”，还是语法“块”。这是中文区别于拼音文字的重要特点。长期以来，人们认为英文动词和名词在结构上有明显区分，存在明显的“语法块”，如“-tion”、“-sion”、“-ment”等名词后缀，“-ed”、“-ate”等动词后缀，中文词没有专一的、在词形结构上指明语法种类的标记。事实上，中文词在词形结构上也存在标明语法种类的标记，这就是形声字的义符。但是，过去人们只看到义符的标记词的范畴或定义特征的语义功能，未看到义符的语法功能。

由于被试长期接触汉字，所以对义符敏感。他们不仅外显地学到了义符的语义知识，也内隐地学到了义符的语法知识。在决定词的语法类别时，这种内隐知识会自动激活，影响被试对中文词的语法分类。当含有义符的词呈现时，词形输入直接激活了词汇网络中的义符表征，进而激活概念网络中与义符有关的节点，如词的上属或定义特征、义符的语法属性等。当词识别后再作语法分类时，概念网络中词的语法种类的节点已被激活，此时只需较少激活就可以作出决定。无明显义符标记的词，词形中无标示词的语法种类的义符，加工时必须先由词形输入激活语音，再由语音表征激活语义表征，包括词的语法意义。所以反应时就长，错误率也高。对义符与词类相反的词，义符同样可以激活概念网络中语法范畴的节点，但这是一种反方向激活。由于激活总能量有限，反方向激活能提高正确反应的阈限，使正确的语法范畴更难激活，所以对这类词反应时就长，错误率也增多。

义符对中文动词和名词分类的影响表明，义符作为汉字结构的一部分，是汉字加工的一个层次单元。这和 Deutsch 等（1998）对希伯来语词根的研究结果一致。义符不仅是中文名词的加工单元，也是中文动词的加工单元。义符在中文词语法分类中有心理现实性。义符具有某种标示词的语法种类的功能的发现为中文教学提供了重要依据。教学时，可突出义符标示词类的作用，帮助学习者尤其是外国学习者在学习繁多的汉字时掌握“见字知类”的策略，使他们能较快地掌握中文的动词和名词。与此同时，也应特别注意词类与义符不一致的情况，教学时对这些词应下更大功夫，以免学生出现“过度概括”的现象。

（二）关于动词的相对优势

在 4 个实验中，总的来看，动词比名词分类快，错误率亦低。但动词并未在所有实验条件下显示出优势。本实验条件下，动词的相对优势受义符影响，即在没有义符作用（促进或干扰）的条件下，动词分类的反应时并不比名词快，甚至慢于名词，但差异不显著。这意味着，与对名词分类相比，义符对动词分类影响更大些。之所以如此，与如下原因有关：

1. 中文中标示动词的义符比标示名词的义符数量少

这和希伯来语中词根的情况相似。中文动词主要标记动作器官或动作工具。动作器官只有少数几种，如“手（扌）”、“足（辶）”、“口”、“鼻”、“目”、“耳”、“身”、“心（忄）”等。动作工具种类也不多，如“刀（刂）”、“火”、“绳”等。据我们对 2 500 个常用字的初步统计，在汉字义符中，具有明显名词倾向的义符数量约是具有明显动词倾向的义符的 2 倍。而且，具有动词倾向的义符所构成的汉字比名词性义符所构成的汉字多（平均约为 1∶0.81）。所以，当有标动作义符的动词呈现时，被试能较快地从内部词典中提取出相应词条并进行反应。与之对照，由于有名词性倾向的义符数量多，被试搜索目标义符的反应时也必然长。

2. 与实验材料有关

为凸显义符区分词的句法范畴的作用，在实验中设置了“无义符标记”条件。我们对这一条件的操作定义是“没有明显的、标明构成事物的物质的义符”。但是，由于材料选择限制，并未完全排除汉字中有其他义符。如“岛”的义符是“山”，“盆”的义符是“皿”。这些义符虽不标示事物的物质组成，却标示事物的物质属性，它们也是名词性的。或许由于这一原因，导致“义符与词类一致”的词与“无义符标记”的词的反应时与错误率的差异在有的实验中不显著，进而导致义符对名词分类的作用不如对动词大。事实上，在汉字义符中，标示词的语义范畴的义符也是名词性的，如“女”、“虫”、“艹”等，这些问题有待于在今后的研究中进一步探索。

（三）关于频率和具体性效应

词频对词汇认知有重要影响。根据连接主义模型，输入模式愈是常见，对这种模式愈是熟悉，辨认这种模式的阈限就愈低。“两个网络系统”理论也认为，由于总激活能量有限，如词汇网络加工占用了较多容量，用于语义加工（包括语法意义）的容量必然少。高频词熟悉性高，觉察阈限低，只需要较少容量便可以激活，因此用于语义加工的容量便多，词类决定必然迅速；低频词熟悉性低，觉察阈限高，需要较多容量才能激活，用于语义加工的容量便少，词类决定时间便长，错误率也高。

本研究表明，义符和词频有交互作用，义符对低频词分类影响大。之所以如此，是因为频率掩盖了义符的作用。高频词认知阈限低，被试熟悉高频词的词形和语法意义，在词形和语法意义之间建立了较强联系，因此分类时采取了更有效的加工策略，即词形输入→语法意义输出。在快速加工情况下，义符虽有提示词类作用，但已小多了。低频词认知阈限高，加工时更依赖于词形的清晰辨认。此时，义符标示词类的作用就凸显出来。也有研究者认为，高频词和低频词提取机制不同。高频词倾向于整词提取，低频词更可能走特征分析的道路。果真如此，对高频词分类时，义符加工就可能受到限制；对低频词分类时，由于更多地进行从部分到整体的加工，义符表征就可能被充分激活，这种表征进而激活概念网络中与义符有关的意义节点，包括语法意义节点，从而促进或干扰分类。在加工无义符标记的低频词时，由于加工需要经由语音转录，因而所需时间就长，错误也多。在实验 2 中，在无义符标记的条件下，词类与词频之间有一定交互作用。动词在高频时分类时间比名词短，但在低频时分类时间反而比名词长。之所以如此，可能有两个原因：一是与动词和名词的心理表征不同有关。动词表征的动作由身体部位发出。

表征动作的词与自身运动如此频繁地共同出现，词与身体运动就建立了稳固联系。当动词以视觉形式呈现时，能很快激活被试头脑中的动作表征，因而能很快做出反应。名词表征的信息通常以视觉或听觉形式呈现，只有在视觉或听觉刺激作用下才能引起相应回忆，不可能得到其他信息帮助，因而搜索过程要比既得到视觉信息又得到动作信息支持的动词要慢。对低频动词而言，由于还未同身体运动建立稳固联系，所以就无这方面优势。二是与词的情境可通达性有关。词的情境可通达性指词所代表的事物能在多少情境中出现，亦即词汇能激活的世界知识的多少，它亦能影响词汇认知。在实验 2 中，虽然各类词的具体性分数相同，但高频动词的情境可通达性可能大于高频名词，而低频动词的情境可通达性可能比低频名词低。这一问题有待于进一步研究。

具体性也影响中文词认知。Paivio（1969）认为，抽象词与具体词在记忆中都有语言编码，但具体词还有形象编码。具体词加工受两方面信息帮助。Schwanflugel 等人（1983）认为，具体词比抽象词更少依赖于语义背景。当单独呈现时，具体词比抽象词有更多的语境信息可以利用。具体性和义符不存在显著的交互作用。这是因为具体性和义符在中文词认知中作用不同。具体性标示事物或动作概念的形象性，义符标示词的语义范畴和语法种类。无论是有义符标记的词还是无义符标记的词，它们所代表的概念都有不同形象性，因而具体性对这两类词加工都有影响。在中文动词和名词分类中，义符的作用和具体性的影响可以叠加。

（四）关于义符的句法倾向性

进一步根据义符的句法倾向性对动词和名词的分类实验表明，被试对句法倾向性水平高的词的反应时显著短于对句法倾向性水平低的词的反应时，而且被试对句法倾向性水平高的判断的正确率显著高于对句法倾向水平低的词的正确率。这一结果再次证明了义符在词汇通达中的作用。义符的作用不仅局限于对语义特征通达的促进，还能够帮助人们对语法意义的提取。义符句法倾向性高的字，被试提取它的语法意义就快，反应时就短，正确率也高；反之亦然。这一结果进一步支持了：义符不仅是结构的“块”，也是语义的“块”，还是语法的“块”。义符不是简单的构字部件，它有意义：不仅能表征事物的范畴或定义特征，还能表征事物的物质组成或动作器官与动作工具。由于中文动词和名词结构上具有这种特点，所以在多次接触后，被试就进行了某种内隐学习，义符也就获得了一定的“语法意义”，有标示词类的作用。这种内隐学习是中文读者正字法意识的重要组成部分。虽然人们并不一定会意识到，却影响对词的反应。此时，义符已不仅是标明词所代表的事物的范畴或定义特征的符号，也成为标明词的语法种类的符号。

因此，我们可以得出以下结论：

（1）中文动词和名词有不同于拼音文字的结构特点。中文名词大多用义符标记事物的物质组成，动词大多用义符标记动作发出的器官或完成动作的工具。义符在中文动词和名词分类中具有重要作用。它提供了词的语法种类信息。当义符与词类一致时，会促进对词的语法意义的认知；当义符与词类相反时，会干扰对词的语法意义的认知。

（2）中文动词的分类时间比名词短。这可能与标示动词的义符比标示名词的义符数量少、义符对动词的分类比对名词影响大和实验材料的选择有关。

（3）高频词分类时间比低频词短，错误率亦低。具体性高的词分类时间比具体性低的词短，错误率也低。义符对低频词分类影响大，但和具体性没有交互作用。

（4）汉字义符的句法倾向具有心理现实性，汉字义符句法倾向性水平的不同影响人们对汉字语法义的提取。具有高句法倾向性的义符的词被确定为动词或名词的速度更快。

第四章

义符及其他影响词汇加工的因素在动、名词加工中作用的回归分析

第一节　影响汉语动、名词识别因素的研究现状

动词、名词的认知是近年来认知心理学、心理语言学和认知神经科学关注的热点问题。汉字作为世界上唯一仍在使用的表意文字，具有不同于拼音文字的很多特点。探究影响汉语动词、名词加工的因素及各因素间的关系，有助于深入发掘语言事实，了解汉字与拼音文字的异同，从而进一步明确语言与思维的关系。

认知神经科学的研究已经表明，动、名词的加工在运动皮层和视觉皮层存在差异。具体名词与具体动词在大脑两半球的额叶和颞叶上神经活动模式不同（张钦等，2003）。可以假设，动、名词的差异不仅表现在神经生理水平，在词汇表征上也可能有不同模式。

研究表明，正字法因素，如词频、笔画数、部件频率等都可能对词汇加工有影响（彭聃龄、王春茂，1997；Brysbaert M.，Lange M. & Van Wijnendaeke，2000）。词频与获得年龄相关，但两者的作用仍然是独立的。笔画数效应不依赖于字频，已在命名、词汇判断和阅读等多种加工任务中发现。有观点指出，笔画是识别所有汉字的基本单元之一。汉语虽不似拼音文字有词根标示词类，但有义符标示汉字的意义。汉字义符的作用已得到广泛的认同（韩布新，1998）。在已有的研究义符词形通达功能的研究中，义符熟悉性是一个重要的变量。但是，义符熟悉性的指标是什么？目前尚不统一。有的研究采用义符组字频率作为义符熟悉性的指标，义符组字频率是指在特定汉字集中含有该义符的汉字的数量（Taft & Zhu，1997；Tan，Hoosain & Siok，1996）；有的研究采用义符结合度为指标，将同一部件作声符、作义符的字数

分开来计算，这样，每个部件都会有声符结合度和义符结合度两个指标，或者只有其中一种（Feldman & Siok，1997）；有的研究采用义符使用频率为指标，义符使用频率是指在特定调查材料中含有该义符的汉字使用频率之和（韩布新，1996）。无论是义符组字频率、义符结合度，还是义符使用频率，目的都是为了度量义符熟悉性对字词认知的影响。这三种义符熟悉性的测量指标都很客观，却有需要改进之处。理由如下：

（1）许多义符本身也是汉字，如女、心、木等，这些汉字大都表示汉语里最基本的意义。这一特性可能使汉字的多数义符的熟悉性偏高。据分析，我国对外汉语教学大纲中共出现了142个义符，其中在初等大纲中出现的比例就达73%。多数形声字的义符由初等字或变体充当（李蕊，2005）。因此，对于一些组字频率低、结合度低的义符，如子、见、身等，由于学习者接触很早，而且意义明确，其熟悉性可能并不低。

（2）汉字总量虽多，但常用的汉字并不多。据统计，最常用的1 000个汉字占在书面材料中出现汉字总次数的90%，最常用的2 400个汉字占出现汉字总次数的99%，最常用的3 800个汉字占出现汉字总次数的99.9%（周有光，2005）。词典中的许多汉字我们平时很少使用或根本不认识。因此，部件组字频率或义符结合度对汉字认知的影响就可能被削弱了。

（3）部件使用频率在统计上易与整字频率混淆。在对特定材料中含有某义符的汉字进行统计时，有某种义符的某个汉字可能在调查材料中出现过多次，因而使义符频率与整字频率混淆。

（4）未考虑义符位置的因素。同一义符，由于在汉字中出现的位置不同，熟悉性也可能不同。有研究表明，部件位置相同的启动字对目标字的认知起促进作用，当启动字与目标字部件相同但组合方式不同时（如杏和呆）起抑制作用。这表明，在汉字的字形层里，除了部件表征外，部件位置的表征也应考虑。

获得年龄是影响词汇识别的另一重要因素（陈宝国、尤文平和周会霞，2007）。早习得的词比晚习得的词更易加工。关于获得年龄的产生机制，主要有两种假设：语音完整性假设和语义假设。语音完整性假设认为，获得年龄效应产生在词汇加工的语音输出阶段。早习得的词，以整体储存在语音输出词典中，因此提取速度快。晚习得的词，则以零散的方式存储，命名时需要将零散的语音聚集起来，所以提取速度慢。语义假设认为，语义系统最重要的组织原则是词汇的习得顺序，晚习得词的意义是建立在早习得词意义的基础上的。当前，越来越多的研究支持语义假设。

具体性和情境获得性是影响动、名词加工的重要语义因素。具体性和情境获得性有一定相关，但不完全等同。具体性指词的形象性，即词是否容易联想起事物的形象，记忆表象是否鲜明。情境获得性指通过词可以联想到的相关世界知识的多少。如由“吃”可以联想到许多有关“吃”的情境、事件或知识。研究指出，名词比动词更具加工优势，可能是由于名词比动词更具体（Jessen F.，Heun R. et al.，2000）。但对具体性效应的产生机制，目前仍有争论。双重编码理论认为，言语和意象是两种不同的加工系统，具体词在两个系统中被加工，抽象词主要在言语系统中被加工。言语和意象表征的唤起使具体词具有加工优势。单一编码理论认为，情境获得性是具体性效应存在的原因（Schwanenflugel，1991）。理解主要依赖语境，语境信息要么呈现在刺激环境中，要么来自理解者所激活的先前的知识经验。刺激单独呈现时，抽象词语境信息的检索比具体词难，语义更含糊，因此更难理解。Schwanenflugel 等人（1991）发现，当抽象名词进入句子情境中时，其加工弱势消失。中国文化的哲学理念是“天人合一”，即消除主客体的界线，使人与自然、个人与社会和谐统一。这种哲学理念，在文学上表现出意境、含蓄、空泛，即所谓“只可意会不可言传”，表现在汉语动、名词上就是：词汇本身不标示词性的特征。我们预期，汉语这一特点将影响动、名词的加工，相对其他语言而言，情境获得性在汉语中的作用可能更大。

第二节　义符及其他各因素对动、名词加工影响的回归分析

一、研究目的

通过采用多元回归分析的方法，本研究旨在探讨各因素对汉语动、名词词汇识别的影响，分析义符与其他影响词汇加工的各因素之间的相互关系，并进一步明晰汉语动、名词加工识别的差异。采用的变量有词频、笔画数、义符熟悉性、获得年龄、具体性和情境获得性。

二、研究方法

1. 经验评定

50 名大学本科生对包含 160 个动、名词的手册中的词语进行了情境获得

性、具体性和获得年龄的评定。具体性和情境获得性采用 7 点量表评定，分值越高，具体性和情境获得性越高。获得年龄则要求在 1 ~ 13 岁间选择一个数字用于代表每个词的习得年龄。此外，鉴于目前义符频率的指标并不统一，我们尝试使用一种更简单也更具有心理现实性的义符熟悉性的测量方式：被试对义符熟悉性的主观评定，探讨义符熟悉性对汉语动、名词识别的影响。采用 2 500 个常用汉字中出现过的 129 个义符。这 129 个义符在2 500 个常用字中的构字能力有很大不同。一些义符，如“骨”、“豸”等，在 2 500 个常用字中构字的数目仅为 1。另一些义符，如“氵”、“扌”等，构字数目都在 100 以上。要求 60 名大学生对这些义符的主观熟悉性进行评定。要求他们在 1 ~ 7 点间选择一个数字来代表。1 代表主观熟悉性低，7 代表主观熟悉性高。我们预期，义符熟悉性在汉语动、名词的识别中可能有不同的加工模式。

2. 实验材料

经过经验评定，最后选中 144 个单字词，其中名词 72 个、动词 72 个。选词时保证词语在各个变量上有一定的广度，各指标在动、名词上尽量平衡。指标具体数值见表 4 – 1。

表 4 – 1　动词和名词在 6 大变量上的平均数（标准差）

	词频	笔画数	义符熟悉性	获得年龄	情境获得性	具体性
名词	2.79（5.78）	10.17（3.07）	5.36（0.96）	8.17（1.14）	4.39（0.75）	5.44（0.77）
动词	3.11（7.89）	10.04（2.48）	5.63（0.88）	8.63（1.08）	3.93（0.61）	4.51（0.70）

注：词频来自《现代汉语频率词典》，以 10^{-2} 为单位，下同。

动、名词在词频、笔画数、义符熟悉性上无显著差异，名词获得年龄比动词早，情境获得性比动词高，也比动词具体。这与动、名词本身的特点有关。名词指代具体事物，动词指代事物间的联系、规律及各种动作与变化。在 160 个动、名词的评定中，名词情境获得性和具体性的评定也普遍高于动词。义符还有标示词类的作用，标示动词词类的义符比名词少。本研究在保证义符变化广度的基础上，名词有 52 个义符，动词有 36 个义符，相同义符出现在不同部位计为多个，如“看”与“睁”，义符同为“目”，但计为 2 个。此外，加入相同数量的假词作为填充词。正式实验前，被试先进行练习，包括 16 个词，真、假词各半。

3. 被试

31 名大学本科生，男生 15 人，女生 16 人，均未参加过经验评定，视力与矫正视力正常。

4. 程序

采用 E－Prime 软件编程。刺激在电脑屏幕上随机呈现，被试通过按下“Y”或“N”反应键对刺激做真、假词判断。实验流程为：首先呈现红色注视点“＋”500ms，随后空屏 300ms，然后再呈现刺激直至被试按键进行判断。如 1 200ms 内未反应，刺激自动消失，则进行下一刺激的判断。整个实验需约 15 分钟，中间休息一次。

三、结果与分析

错误反应及反应时在平均数 ±3 个标准差之外的数据不纳入统计。名词的平均反应时为 541ms，动词的平均反应时为 544ms。将反应时作为因变量，6 个变量作为预测变量进行回归分析（对词频进行了对数转换，转换后数据与反应时呈线性相关）。各预测变量与因变量的相关矩阵见表 4－2。

表 4－2　影响词汇识别的 6 变量的相关矩阵

		1	2	3	4	5	6
1	反应时	1.00***					
2	ln 词频	－0.48***					
3	笔画数	0.19*	－0.20**				
4	义符熟悉性	－0.19*	0.03	－0.11			
5	获得年龄	0.42***	－0.44***	0.09	－0.11		
6	具体性	－0.11	－0.01	0.22**	－0.01	－0.50***	
7	情境获得性	－0.43***	0.56***	－0.14*	0.04	－0.55***	0.46***

注：*** 表示 $p<0.001$，** 表示 $p<0.01$，* 表示 $p<0.05$，下同。

表 4－2 中，除具体性外，其他预测变量与反应时相关均显著。这一方面可能是因为动、名词的具体性评定整体偏高；另一方面则可能是由于具体性的产生机制。根据单一编码理论，情境获得性是具体性效应产生的原因。本研究中，反应时与情境获得性相关显著，与具体性相关不显著，这部分支持了单一编码理论。预测变量间也存在一定相关。词频与笔画数和获得年龄呈负相关，与情境获得性呈正相关；获得年龄与具体性、情境获得性呈负相关；笔画数与具体性呈正相关。这些关系与词汇习得由易到难、由具体到抽象的规律一致。词频高、笔画少、具体性高、情境获得性高的词语往往先被习得。

将 6 个变量作为自变量，反应时作为因变量，进行逐步回归分析。6 个变量中，词频、获得年龄和义符熟悉性进入了回归方程。词频解释23.5%的变异，加入获得年龄之后，解释量增加了5.6%，而加入义符熟悉性则使三者解释的变异增加到31.3%，$F(3, 140)=21.28$，$p<0.001$。虽然情境获得性未进入回归方程，但当其单独进入回归方程时，解释变异为18.8%，$F(1, 142)=32.83$，$p<0.001$。当笔画数单独进入回归方程时，解释变异为3.5%，也达到显著水平，$F(1, 142)=5.11$，$p<0.05$。由于变量间存在相关，故变量的进入顺序对变异解释量有明显影响。但总的来看，各变量对词汇判断均有显著的作用。

6个变量中，词频、笔画数与义符熟悉性属于正字法变量，具体性、情境获得性属于语义变量。由于获得年龄变量属于正字法变量还是语义变量仍然存在争论，因此分别将获得年龄放入正字法变量与语义变量中进行分析。结果显示，当获得年龄单独进入回归方程时，可解释的变异为18.1%，$F(1, 142)=31.48$，$p<0.001$。当将其作为正字法变量进行分析，词频与获得年龄先后进入回归方程，在词频基础上，解释的变异量增加了5.4%。当将其作为语义变量与具体性、情境获得性一起进行逐步回归时，获得年龄在情境获得性之后进入回归方程，解释变异增加4.9%，此时具体性也进入回归方程，三者共同解释变异26.9%，$F(3, 140)=17.19$，$p<0.001$。这一结果说明，获得年龄的产生机制可能既与语音完整性有关，也与语义可理解程度有关。

对动、名词分别进行逐步回归，动、名词各因素的相关矩阵见表4-3和表4-4。词频、获得年龄、情境获得性与动、名词的识别反应时均相关显著。笔画数在动词中与反应时相关边缘显著。义符熟悉性与名词反应时相关显著，与动词反应时相关不显著。名词中，获得年龄、义符频率和词频依次进入回归方程，三者共同解释36.6%的变异，$F(3, 68)=13.10$，$p<0.001$。其中，获得年龄解释变异24.9%，义符频率和词频的进入分别使解释变异增加了6.4%和5.4%。虽然此时情境获得性未进入，但其单独进入解释了18.8%的变异，$F(1, 70)=16.20$，$p<0.001$。将获得年龄作为语义变量与情境获得性、具体性进行逐步回归时，获得年龄与情境获得性进入了回归方程，其中情境获得性使解释变异增加4.8%，$F(2, 69)=14.59$，$p<0.001$。动词中，情境获得性与词频进入回归方程，二者共同解释33.2%的变异，$F(2, 69)=17.14$，$p<0.001$。其中，情境获得性解释变异26.1%，词频进入使解释变异增加7.1%。虽然获得年龄未进入回归方程，但当其单独进入时，解释的变异为13.6%，$F(1, 70)=11.03$，$p<0.001$。当将获得年龄作为语义变量与情境获得性、具体性进行逐步回归时，只有情境获得性进入了回归方程。

表4－3　影响名词识别的6变量的相关矩阵

		1	2	3	4	5	6
1	反应时	1.00^{***}					
2	ln词频	-0.46^{***}					
3	笔画数	0.21^{*}	-0.15				
4	义符熟悉性	-0.35^{***}	0.14	-0.33^{**}			
5	获得年龄	0.50^{***}	-0.49^{***}	0.17	-0.20^{*}		
6	具体性	-0.14	0.06	0.13	-0.01	-0.43^{***}	
7	情境获得性	-0.43^{***}	0.69^{***}	-0.20^{*}	-0.17	-0.48^{***}	0.25^{*}

表4－4　影响动词识别的6变量的相关矩阵

		1	2	3	4	5	6
1	反应时	1.00^{***}					
2	ln词频	-0.51^{***}					
3	笔画数	0.18	-0.27^{**}				
4	义符熟悉性	-0.07	-0.08	0.19			
5	获得年龄	0.37^{**}	-0.40^{***}	0.01	-0.08		
6	具体性	-0.08	0.09	0.40^{***}	-0.52^{***}	-0.52^{***}	
7	情境获得性	-0.48^{***}	0.47^{***}	-0.09	-0.02	-0.59^{***}	0.51^{***}

四、讨论

本研究中，词频是影响动、名词词汇识别的重要因素，词频越高，识别时间越短。这与已有研究结论一致。笔画数在名词中比在动词中作用明显。首先，可能与材料有关，我们的材料中，名词笔画数为5～23画，动词笔画数为4～16画，名词笔画数的广度比动词大。其次，笔画数效应受词频制约，词频高，被试更多采用整字加工方式，只有当词频较低时，笔画数效应才凸显。由于单字词的限制，本研究中选取的动、名词的词频相对偏高，因此，笔画数的作用相对较弱。而其他研究中多选用低频和高频两个极端的词进行比较（Sandhofer，C. M.，Smith L. B. & Luo J.，2000）。

本研究再次证明，义符在汉字认知中扮演着重要角色，而且义符熟悉性对名词识别的影响比动词大。原因可能是，汉语动词主要标记动作发出器官或使用工具。动作器官只有少数几种，如手、脚、口等。动作工具种类也不多，只有刀、石、火等。名词中义符的数量比动词多，义符出现位置更多变，种类更繁多。因此，在控制词频、笔画数等因素的基础上，动词中义符的识别难度比名词小。与汉语相似，希伯来语中，名词词根多，动词词根只有少数几个，因此名词中搜索目标词根的难度较大。与此不同，意大利语中，动词比名词词形变化更复杂。研究表明，意大利语动词比形容词在一些语义与句义的加工时间长，而意大利语的形容词在词形上与名词相似（Deutsch et al.，1998）。这也为本研究提供了一定的佐证。

动、名词获得年龄的早晚仍然存在争论。有数据显示，关于婴幼儿的词汇中，名词多，动词少。这可能源于动、名词概念表征上的差异。名词通常指代具体物品，比动词的概念类别更自然，概念间的联系也更紧密。动词表达的大多是相关意义，因此更依赖于情境。在其他语言中，动词还需根据句子中主语的单复数以及时态而变化。然而，目前关于动词概念发展滞后于名词的观点受到了几方面的质疑（Goldfield，2000）：①儿童只在词汇产生上动词滞后于名词，在词汇理解方面并非如此。②尽管儿童早期接受的词更多是名词，但在他们早期词语的学习中，就已经对动、名词有了区分。本研究的结果支持动词概念发展落后于名词的观点。我们还发现，获得年龄不仅与正字法变量有关联，与语义变量也有联系。这表明，单纯采用语音完整性假设或语义假设解释获得年龄的产生机制可能都有失偏颇。早期习得的词语一方面在语音加工上更完整，故表现出与词频、笔画数等正字法因素相似的加工效应；另一方面在语义加工上也存在优势，因而与语义变量有着密切联系。

与拼音文字的研究比较，情境获得性在汉语动、名词加工中的作用非常明显。之所以如此，可能与汉语本身的特点有关。与拼音文字相比，汉语中动、名词对情境的依赖性更高。例如，英语中，动词正字法变化的本身就标示着动作的时态，而名词单复数也可直接通过词形得知（不可数名词除外）；而汉语动、名词本身包含的信息比拼音文字多，同一动词可以用于不同时态，同一名词既可表单数也可表复数。意大利语中，动词词形的变化比名词丰富，根据人物、情境、时态的不同而不同，其动词比名词更少依赖情境（Colombo & Burani，2002）。这在一方面支持了我们的结果。此外，相对情境获得性和获得年龄，具体性的作用要小得多。这一结果与 Schwanenflugel（1991）的结果一致。因此，本研究结果支持具体性效应的单一编码理论。

总的来说，当前研究进一步支持了语言影响思维的理论。汉语中动词和名词既具有不同于拼音文字的特点，也具有所有语言的共性。反映在汉语动、名词的加工上就是，各种语言中影响动、名词加工的因素同样也对汉语动、名词的加工有影响，但各因素的作用模式又不同于其他语言。

第五章

中文词汇通达中义符表征的模型建构

第一节　义符在中文词汇通达中的作用研究现状

一、义符在汉字认知中扮演的不同功能及其研究综述

在中文的词汇通达过程中，义符扮演怎样的角色？总的来看，已有研究表明，义符在汉字认知中有以下几个方面的功能：

（一）表形功能

作为汉字形声字的构字部件，义符有通达词形的功能。当前，词形表征的理论主要分为三种（陈传峰、黄希庭，1999；Feldman & Siok，1999a），不同理论对义符的词形通达功能有不同看法：

1. 整字加工假设

第一章“导论”第三节关于汉字加工的基本单位之争中已述及，汉字的一些特征使部分研究者认为，汉字是基本的视觉识别和心理表征的单元（喻柏林、冯玲、曹河圻、李文玲，1990；Wydell，Butterworth & Patterson，1995；喻柏林，2000）。如汉字识别的字优效应（Cheng，1981）等的发现都支持这一假设。

2. 分离加工假设

分离加工假设认为部件是心理词典表征的基本单元。词汇认知包括对词形结构的分解，包含复杂词形结构的词可以通过词形单元来识别（Taft & Forster，1975）。研究发现，笔画分析和部件分解是书面汉字辨认的初级阶段（沈模卫、李忠平、朱祖详，1997；周新林、曾捷英，2003；彭聃龄等，1997；Taft & Zhu，1997）。具有同一部件或语义有联系的字之间存在启动

效应。

3. 综合加工假设

一些研究者提出，要将整字加工假设和分离加工假设结合起来。词汇识别中既存在词形部件的激活，也存在整字的激活。词形部件是加工的基本单元，是心理词典组织的重要线索。词形部件的加工不仅可以出现在整字识别之前，而且在整字识别之后，部件的激活依然可以存在（佘贤君等，1997；Su & Jing，2004）。

（二）表义功能

大量研究支持义符对汉字形声字的语义提取有促进作用的看法。研究发现，义符可以促进汉字词范畴语义和定义特征语义的提取（张积家等，1990；1993）。第二章关于义符在动词意义认知中的作用研究也发现，义符可以促进汉语动作动词的动作器官和动作工具意义的提取。义符的自动分解和语义激活是一个从非自动化到自动化的过程，儿童的义符分解和语义激活的效应比成人弱（刘燕妮等，2002）。Yeung 等（2005）对一名书写和命名诵读困难的脑损伤患者进行研究发现，这名患者的书写错误主要表现为义符的替换、遗漏或增加，对音符则只观察到替换或删除。在对一些假字的反应中，替换或增加的义符与目标字存在着语义关联。Feldman 等（1999a）采用启动技术，在 SOA 为 243ms 的条件下，研究启动字和目标字义符相同与否、意义相似与否、义符的构字能力高低对词汇识别的影响。结果发现，当启动字与目标字意义不相关但义符相同（R+S-）时，与启动字和目标字义符和意义都不相关的控制条件（R-S-）相比，出现了负启动效应。义符不同、语义相似（R-S+）和义符相同、语义相似（R+S+）出现了正启动效应。他们指出，义符在词汇加工后期仍然起着重要的表征语义的作用。

（三）语法功能

在第三章义符句法性的实证研究中，我们发现，当对中文的单字动词和单字名词分类时，若义符与词类一致，则分类快；若义符与词类相反，则对分类起干扰作用。义符对低频词分类的作用更大。这与中文动词和名词的结构特点有关。中文单字名词大多用义符标记事物的类别或物质组成，单字动词大多用义符标记动作发出的器官或完成动作的工具。义符的语法功能的发现更新了人们关于汉字的知识，加深了人们对义符功能的认识。

总之，已有研究表明，义符不仅是汉字的结构单元，也是汉字的语义单元，还是中文的语法单元。

二、现有研究的不足

义符加工的研究虽然已经取得了一系列重要成果，但仍然存在下列问题：

(1) 对义符在汉字词语义提取中的作用研究得比较充分，对义符在汉字词词汇识别中的作用还有待于深入探讨。换言之，现有的研究主要指向义符的表义功能，对义符的表形功能研究不多。并且，在义符的表义功能和表形功能研究中也存在着明显的分离。表义功能的研究多采用语义决定的任务，较少关心义符的表形功能；表形功能的研究主要采用字词识别任务，较少关心义符的表义功能。因此，综合义符的表义功能和表形功能的研究就显得十分必要。

(2) 较多采用分类反应范式探讨义符在语义通达中的作用，较少采用过程研究范式（特别是控制 SOA 的启动范式）对义符的加工进行探讨。词汇通达是一个动态的加工过程，作为汉字的基本部件，在汉字词识别过程中，义符的词形通达功能和语义通达功能是一直并行还是存在一定阶段的分离？这些问题目前尚不甚清楚。

(3) 现有研究对字频与义符频率之间的交互作用考虑不够。关于汉字部件的研究表明，部件频率是影响汉字识别的因素之一。但是，部件频率的作用要受整字频率和字形结构类型影响。韩布新（1998）发现，整字频率对整字识别有易化作用，对部件识别表现出干扰作用；部件频率对部件识别表现出易化作用，对整字识别，可能是易化作用，也可能是干扰作用：部件和部件组合位于汉字左侧或上方时呈现易化作用，位于汉字右侧或下方时则起干扰作用。与此相反，Taft 和 Zhu（1997）发现，右侧含有高频部件的汉字比右侧含有低频部件的汉字识别更快。Feldman 等人的研究重复了高频部件的易化作用。之所以出现不同的结果，与整字和部件的交互作用考虑不充分有关。一般来说，高频字的加工速度比低频字快。有研究者指出，这可能是因为高频字与低频字有不同的词汇通达通道。低频字比高频字更倾向于通过部件分析方式识别。但是，其他因素也可能起作用。有研究者认为，在整字加工中，高、低频字的亚词汇成分同样能被分解出来，激活它们对应的语音、语义信息。只是高频字的整字信息激活快，词汇和亚词汇信息相互竞争使亚词汇信息的激活效应很难表现出来。因此，对义符在高、低频汉字词汇通达中的作用进行比较分析，进而统合现有各种研究中所得数据的分歧，建立起义符在词汇通达中的模型，显得尤为重要。

第二节　中文词汇通达中义符表征的模型建构的实证研究

一、实验 1　义符熟悉性对高频汉字认知的影响

（一）问题提出

汉字义符在心理词典中是如何加工和组织的？Feldman 等（1997）采用启动技术，在 SOA 为 243ms 的条件下，研究了启动字和目标字义符相同与否、意义相似与否、义符构字能力高低对汉字词词汇判断的影响。结果发现，当启动字与目标字意义不相关，但义符相同（R + S – ）时，与启动字与目标字义符和意义都不相关的控制条件（R – S – ）相比，出现了负启动效应。义符不同、语义相似（R – S + ）和义符相同、语义相似（R + S + ）时都出现了一定的正启动效应。他们未发现义符构字能力的作用。Feldman 和 Soik（1999a，1999b）指出，义符在词汇加工后期仍然起重要的语义表征作用，而正字法的作用并不明显。然而，需要指出的是，在他们的研究材料中，启动字的词频偏低，而且启动字频率都比目标字频率低。材料中还包含义符相同但位置不同的词对，如"观"和"览"、"站"和"竖"等，从而有可能引入字形结构方式这一无关因素。这些都可能影响实验结果的效度。

大量研究证实，义符在汉语名词的范畴语义、特征语义提取中有重要作用。本研究进一步证实，义符对汉语动作动词意义的认知有促进作用，对中文动词和名词的分类有重要影响。然而，义符除具有表义功能外，还担任重要的表形功能。义符是汉字的重要构字部件。与拼音文字不同，汉字中义符的存在减少了词形和语义之间联系的任意性（Feldman & Andjelkovic，1992）。有研究者指出，义符的表形功能也可能与其他部件存在差异，这种差异有可能对汉字认知有重要影响。

目前，对词形结构在词汇识别中作用的研究多集中在拼音文字。有三种词形表征理论（Feldman & Bentin，1994；Henderson，1985）：①整字加工假设（full listing hypothesis）。认为词是作为一个整体被加工的。词汇要素（如义符、音符或者字母等）并不参与加工过程（Butterworth，1983）。每个词在心理词典中只有一个单独的词汇入口（entry）。②分离加工假设（decomposition hypothesis）。认为词素（morphemes）是心理词汇表征的基本单元。词汇认

知包括对词汇内部词形结构的认知，包含复杂词形结构的词可通过词形加工单元来进行（Taft & Forster，1975）。③综合假设。认为词汇加工中既存在词形部件的激活，也存在整字的激活。词形部件是加工的单元，是心理词典组织的重要线索。词形部件的加工不仅可以出现在整字识别之前，而且在整字识别之后，部件的激活依然可以存在（Feldman et al.，1992；Schreuder & Baayen，1994）。一些研究者提出，要将整字加工假设和分离加工假设两种可能结合起来（Caramazza，Laudanna & Romani，1988；Miceli，Silveri & Laudanna，1985）。

因此，实验1拟采用Feldman等人1999年的研究范式，探讨在不同SOA的条件下，义符熟悉性高低对高频汉字认知的影响，旨在回答三个问题：①多层次的语义激活是否存在于汉字高频字识别过程中？②义符熟悉性高低是否影响汉字加工？③义符的词形和语义功能在词汇通达中是一直合行还是存在一定阶段的分离？

（二）研究方法

1. 被试

63名大学本科生，男生30人，女生33人，视力正常或矫正后正常。

2. 材料与设计

采用启动词汇判断的范式。实验材料共包括96对汉字。根据启动字与目标字的义符是否一致和两者的整字语义是否相关，将启动类型分为4种：①R+S+，启动字与目标字包含同一义符，语义相关，启动字义符的含义与整字含义一致，如“堆—垛”；②R+S−，启动字与目标字包含同一义符，语义不相关，启动字义符含义与整字含义不一致，如“演—涌”；③R−S+，启动字与目标字字形不相似，语义相关，如“解—拆”；④R−S−，启动字与目标字词形和语义都不相似，如“晚—貌”。4种启动条件中，R−S−组为控制条件，所有目标字中义符的意义都是透明的。

义符熟悉性采用第四章“义符及其他各因素对动、名词加工影响的回归分析”中的义符主观熟悉性评定的指标。该评定结果表明，一些构字能力低的义符，如“冫”、“爪”等的熟悉性评定并不低；另一些义符，如“罒”、“夂”等，由于汉字简化，意义并不太明确，这类义符的表义度相对要低。总的来说，129个义符熟悉性评定都较高，评定的平均值为5.08。这似乎表明，人们可能更倾向根据义符自身表义的透明度来判断义符熟悉性。

SOA有3种：43ms、72ms、243ms。根据前人结果，SOA为43ms时主要出现词形启动；SOA为72ms时，语义启动开始出现；SOA为243ms时，语义加工进一步完整。在选材上，我们进行了以下控制：

（1）尽量保证四种启动类型的目标字不重复，目标字与启动字之间也不重复。

（2）各组材料的启动字和目标字只存在义符相同与否的差异，在词形结构（左右或上下）上并无差异。如“鞋”与“靴”包含相同义符“革”，它们都是左右结构；“袭”和“装”包含“衣”作为相同义符，结构同为上下结构。

（3）各启动词无显著的语音相关。

（4）由于8个材料组［4（启动类型）×2（义符熟悉性高、低）］的目标字不同，我们对各组材料的目标字的词频和笔画数都进行了匹配。对启动字，在控制词频和笔画数的基础上，另找30名被试评定了R+S+和R-S+两组材料中启动字与目标字的语义相似性，要求被试在1~7点间进行评定。语义越相似，评分越高；语义越不相似，评分越低。统计分析表明，这两组材料在语义相似度上没有显著差异。

（5）为确保8组材料目标字的词汇判断差异是由于启动字差异所致，在正式实验前，由18名被试对96个目标字进行了词汇判断。实验流程与正式实验基本相同，只是没有启动字出现。结果证明，这8组材料在单独进行词汇判断时无显著差异。8组材料的各项指标见表5-1。各启动组中义符的位置分布情况以及各组中不同义符的个数（相同的义符只计为1个）见表5-2。采用2（义符熟悉性高、低）×3（3种SOA）×4（4种启动条件）的三因素重复测量设计。通过拉丁方分配每对词的SOA，将材料分成3组，确保每组材料中96个启动词对只出现1次，3组材料各由21个被试完成。

表5-1　8组材料的启动字和目标字的各项指标

启动字	义符熟悉性高				义符熟悉性低			
	R+S+	R+S-	R-S+	R-S-	R+S+	R+S-	R-S+	R-S-
义符熟悉性	6.17	6.17	6.01	6.17	4.03	3.90	4.04	4.08
笔画数	9.58	10.01	10.00	9.67	9.67	9.75	9.67	10.00
词频	0.049	0.048	0.046	0.051	0.051	0.045	0.052	0.048
语义相似度	4.89		4.78		4.67		4.60	
目标字	义符熟悉性高				义符熟悉性低			
	R+S+	R+S-	R-S+	R-S-	R+S+	R+S-	R-S+	R-S-
笔画数	10.50	9.50	9.40	9.67	10.58	10.91	10.00	10.33
词频	0.007 3	0.007 9	0.007 6	0.007 8	0.007 8	0.007 4	0.007 3	0.007 6
词汇判断反应时	620	619	619	620	622	618	619	617

注：词频单位为每百字中出现该字的次数，选自北京语言学院编的《现代汉语频率词典》（1986年）。

表5-2　各启动组中义符的位置分布及各组中义符的个数

启动条件	义符在启动字中的位置					义符个数
	左	右	上	下	包围	
R+S+、义符熟悉性低	3	5	2	1	1	12
R+S+、义符熟悉性高	6	1	2	1	2	10
R+S-、义符熟悉性低	4	4	2	2	0	12
R+S-、义符熟悉性高	11	0	1	0	0	8
R-S+、义符熟悉性低	4	4	3	1	0	12
R-S+、义符熟悉性高	11	0	0	0	1	10
R-S-、义符熟悉性低	6	2	3	1	0	12
R-S-、义符熟悉性高	10	1	1	0	0	11

注：义符在启动字中包围的位置既包括全包围，也包括上包围和下包围。

采用4种启动条件的目的在于，探讨义符的词形特征和语义特征在词汇通达中的作用。可以预期，如果义符不影响汉字识别，则：①R+S+与R-S+条件下目标字的词汇判断反应时无差异，因为这两组的整字语义相关已经进行了平衡；②R+S-和R-S-条件下目标字反应时也无差异，因为在这两种条件下启动字和目标字均无语义关联；③义符熟悉性的高低不影响目标字的词汇判断反应时。

如果义符在汉字识别中起作用，则义符的熟悉性应当对目标字的识别有影响，而且根据是义符的词形特征还是语义特征影响汉字识别，可能出现两种结果。第一，若只有义符的词形特征影响汉字识别，则：①R+S+与R-S+两种条件下目标字的反应时应当存在差异；②R+S-条件下目标字的反应时也应当与R-S-控制组的反应时存在差异。此时义符的词形特征既可以起促进作用，也可以起抑制作用，但R+S+和R+S-条件下义符的作用方向应当一致。第二，若义符的词形和语义特征都起作用，则：①R+S-和R-S-控制组的目标字的反应时应存在差异，②R+S+和R-S+的目标字的反应时无差异。此时启动条件中语义透明的义符的语义特征促进了目标字的反应，而语义不透明的义符则起抑制作用，这也可以说明，仅以义符的正字法的特征来解释义符的作用是不够的。

3. 实验程序

实验采用E-Prime程序。随机加入96对填充词对。填充词对的启动字均为真字，目标字均为假字。被试的任务是仔细、认真地看第一个刺激，然后快而准地对目标字进行真假字判断。指导语中告知被试真、假字区别。真字指有确定意义、字典中能查询到的字，假字是无确定意义的字。正式实验前，被试接受16对练习刺激。如果被试仍然不明白实验做法，可以选择再次练习。正式实验中被试可以休息两次，每次休息时间不超过3分钟。

正式实验时，被试坐在计算机前，左手食指放在键盘的“F”键上，右手食指放在键盘的“J”键上。对一半被试，如果目标刺激是真字，则按下右手的“J”键；如果目标刺激不是真字，则按下左手的“F”键。另一半被试的用手规定与此相反。首先呈现注视点（“+”标记）500ms，然后在注视点位置呈现启动词，每个启动词的呈现时间由拉丁方分配进行固定，接着立刻出现目标刺激。刺激的呈现时间最长为2 000ms。如果被试在2 000ms内做出反应，刺激自动消失，随后进入对下一刺激的判断。计算机收集由刺激开始呈现到被试做出反应之间的时间间隔，计时单位为ms，误差为±1ms。

（三）结果与分析

删除3名错误率高于40%的被试（2男1女）。正式进入统计的只有60名被试的结果。只对真字的反应结果进行分析。反应时在平均数±3个标准差之外的数据不纳入统计（3.0%）。每种启动条件下目标字的反应时和错误率见表5－3，各条件下的净启动效应见表5－4。

表5－3　目标字词汇判断的平均反应时（RT）和平均错误率（ER）

义符熟悉性	启动类型	SOA＝43ms		SOA＝72ms		SOA＝243ms	
		RT（ms）	ER（%）	RT（ms）	ER（%）	RT（ms）	ER（%）
低	R＋S＋	619	4.31	616	3.45	599	2.59
	R＋S－	670	7.76	667	3.45	634	6.03
	R－S＋	624	2.59	616	4.31	603	4.31
	R－S－	664	4.31	648	2.59	635	4.31
高	R＋S＋	650	9.20	624	4.31	623	9.34
	R＋S－	666	12.50	679	10.34	655	3.45
	R－S＋	653	5.00	627	5.17	615	3.45
	R－S－	687	8.30	658	12.07	665	5.17

表 5-4　各类启动字的净启动效应　　单位：ms

启动条件	义符熟悉性低			义符熟悉性高		
	43ms	72ms	243ms	43ms	72ms	243ms
R+S+	45	32	36	37	34	42
R+S-	-5	-19	0	21	-21	11
R-S+	41	32	32	34	31	50

2（义符熟悉性）×3（SOA）×4（启动类型）的重复方差分析表明，启动类型的主效应显著，F_1（3，177）=20.13，$p<0.01$；F_2（3，33）=14.89，$p<0.001$。义符熟悉性主效应显著，F_1（1，59）=7.96，$p<0.01$；F_2（1，11）=3.90，$p<0.05$。SOA 的主效应被试分析显著，F_1（2，118）=5.80，$p<0.01$，项目检验不显著，$F_2<1$，$p>0.1$。字频与 SOA、字频与启动类型、启动类型与 SOA 之间的交互作用以及三者的交互作用都不显著。

事后的两两比较（LCD）表明，义符熟悉性低的启动条件在 SOA=43ms 时，R+S+条件和 R-S+条件的反应时与控制条件比被试分析和项目分析都差异显著，$p<0.01$ 或 0.001，出现正启动效应，表明启动字的整字语义对目标字的识别产生了促进作用，但 R+S+与 R-S+条件的反应时无显著差异，表明此时义符的词形特征并没有起作用。当 SOA=72ms 时，R-S+和 R+S+条件的反应时与控制条件比被试分析和项目分析都差异显著，$p<0.05$，也出现正启动效应。R+S-条件的反应时与控制条件比被试分析边缘显著，$p=0.88$，项目分析不显著，出现一定的负启动效应，表明启动字义符的语义特征也得到了激活，并对目标字识别产生负面影响。当 SOA=243ms 时，R+S+和 R-S+条件的反应时与控制条件比无论被试分析还是项目分析都达到显著水平，$p<0.05$，也出现正启动效应。

义符熟悉性高的启动条件在 SOA=43ms 时，R+S+和 R-S+条件的反应时与控制条件比被试分析和项目分析均差异显著，$p<0.05$ 或 0.01，出现正启动效应，表明启动字整字的语义对目标词的识别产生了促进作用；R+S-条件与控制条件比被试分析差异显著，$p<0.05$，出现了正启动效应。当 SOA=72ms 时，R+S+和 R-S+条件的反应时与控制条件比被试分析和项目分析均差异显著，$p<0.05$ 或 0.01，出现正启动效应；R+S-条件的反应时与控制条件比被试分析显著，$p<0.05$，项目分析不显著，也出现一定的负启动效应，表明启动字义符的语义特征已经得到激活。当 SOA=243ms 时，R+S+和 R-S+条件的反应时与控制条件比被试分析和项目分析均差异显著，$p<0.05$ 或 0.01，也出现正启动效应。

由此可见，不论义符熟悉性高低，整字语义启动效应都产生得很早。而对于义符，在启动的早期阶段，只有当义符熟悉性高时，才出现微弱的词形正启动效应。随着加工时间的增加，义符的语义作用逐渐凸现，表现在SOA = 72ms 时，R + S - 条件下出现了负启动效应；而当 SOA = 243ms 时，整字意义加工占据了优势地位，义符的词形和语义作用都不再显著。

错误率的重复方差分析表明，启动类型被试分析的主效应显著，F_1（3, 177）=2.90，$p<0.05$，项目分析不显著，F_2（3，33）=1.995，$p>0.05$；启动字义符熟悉性被试分析主效应显著，F_1（1，59）=20.27，$p<0.001$，项目分析边缘显著，F_2（1，11）=3.80，$p=0.07$；SOA 的主效应被试检验不显著，$p>0.05$，项目检验主效应不显著，$p>0.1$。字频与 SOA、字频与启动类型、启动类型与 SOA 之间的交互作用以及三者交互作用都不显著，$p>0.05$。

事后的两两比较（LCD）表明，当义符熟悉性高、SOA = 43ms 时，R + S - 条件的错误率比控制条件偏高，$p<0.05$；在 SOA = 72ms 时，R + S + 条件的错误率比控制条件低，$p<0.05$ 或 0.01，R - S + 条件和控制条件错误率分析显著，$p<0.05$；而在 SOA = 243ms 时，R + S + 比控制条件的错误率偏低，被试分析差异达到边缘显著，$p<0.1$，项目分析差异显著，$p<0.05$。当 SOA = 43ms 时，R + S + 条件和控制条件错误率差异不显著。

（四）讨论

本实验的结果与其他对中、低频汉字认知的研究结果既有相似之处，也存在一定差异。与 Feldman 等（1999a）的研究结果相似之处在于，义符的语义作用在加工中期仍然存在，表现为在 SOA = 72ms 时，R + S - 条件下出现了负启动效应。不同之处在于，在本研究中，对于义符熟悉性低的高频字，在 SOA = 43ms 时，义符的词形启动作用仍不明显，虽然当 SOA = 43ms 时在错误率上出现了一个微弱的负启动效应，但反应时上的差异并不显著。在 SOA = 72ms 时出现了一定的负启动效应。最后，在 SOA = 243ms 时，所有高频词的 R + S - 启动条件的作用都不再显著。

我们认为，本实验中之所以出现这一结果模式，可能有以下几方面原因：

1. 高频字的词汇通达与低频字的词汇通达存在一定差异

词频是对词汇认知有稳定影响的因素（McDonald & Shillcock，2001；高定国等，1995）。连接主义模型和“两个网络系统”的观点都为词频效应提供了理论依据。对于高频词，熟悉性高，其觉察阈限低，只需较少容量便可激活，因此用于语义加工的容量便多，语义提取必然迅速。本实验中采用了词频偏高的字，这可能是在最短的 SOA 条件下，也能观察到整字意义的正启动效应的主要原因。

2. 义符熟悉性高低的界定与其他研究不同

本实验中采用的是大学生对义符熟悉性的主观评定，与韩布新对部件频率的研究及 Feldman 等人（1997）研究中采用的指标不同。大学生对义符熟悉性的主观评定表明，义符熟悉性与构字能力高低并不完全一致。具体表现为：构字能力高的义符被试的熟悉性评定一般偏高，但对于一些构字能力低、表义度却很高的义符，如"雨"、"身"等，主观熟悉度的评定也高。主观熟悉度评定的高低与义符意义是否明确有关，认知资源理论认为，人的认知资源有限。对刺激识别需要占用认知资源，当刺激越复杂或加工任务越复杂时，占用的认知资源就越多。当认知资源完全被占用时，新的刺激将得不到加工（未被加工）。该理论还假设，输入刺激本身并不能自动地占用资源，认知系统中有一个机制负责资源分配。这一机制是灵活的，可以受人的意志控制，使人能把认知资源分配到重要刺激上。根据这一理论，对义符熟悉性低的高频字，在加工早期，被试虽然也需要进行词形分析，但对低熟悉性的义符并未分配足够资源，而是更多地将资源分配在其他部件上，从而通达整字意义。但是，随着加工时间的延长，认知资源也相对增加，这就使得被试不仅可以通达整字的语义表征，还可将部分资源分配到义符的语义特征上。因此，在 SOA = 72ms 时，R + S - 启动条件就发生了一定的干扰作用；而当义符熟悉性高，SOA = 43ms 时既出现了义符的正启动效应，也出现了整字的正启动效应。这可能是由于在词形分析阶段，高熟悉义符的激活阈限低，较少的认知资源就可以将它们激活，高频字本身的激活阈限同样也较低，所以能够在很短时间内通达整字意义。

3. 义符的部位多处于汉字左侧

根据韩布新对部件部位的研究，部件和部件组合位于汉字左侧或上方时呈现易化作用，位于汉字右侧或下方时则起干扰作用。由于汉字义符多出现在汉字左侧，所以本研究的结果与韩布新的研究结果也有类似之处。

本研究结果也可以通过知觉中的加工理论来解释。在知觉过程中，不仅存在材料驱动加工（data - driven processing），也存在概念驱动加工（concept - driven processing）；不仅存在由底到顶的加工（bottom - up processing），也存在由顶到底的加工（top - down processing）；不仅存在从部分到整体的加工，也存在从整体到部分的加工。由于高频词熟悉性高，所以整体加工可能开展得更为顺畅，因此在本实验中，整字的语义较早就出现了激活；与此同时，部分加工也已开始，并且在义符熟悉性高的条件下，表现出一定的词形启动效果；在加工中期，整字的语义激活依然存在，但义符加工已经进入提取语义阶段，所以在义符与整字意义不一致的条件下，就表现出负的启动效应；当 SOA = 243ms 时，启动词词汇加工中的整合过程已经完成，所以，就只有启动词整字的意义仍处于激活状态，义符的作用就不再明显。当义符熟悉性低时，激活就会比义符熟悉性高时困难，此时，由于整字熟悉性高，在加工早期，只有整字的语义被激活，义符的词形启动作用不明显；到了加工中期，整字的语义仍处于激活状态，而此时义符也已经被激活，并提取了语义。所以，当义符意义与整字意义不一致时表现出负启动效应。可见，汉字识别中包含了整体与部分的复杂的相互作用，义符熟悉性是影响这种相互作用模式的重要因素。由此也可以预期，在识别低频汉字时，由于汉字的整体和部分的关系不同，可能会表现出不同的加工模式。

关于语义启动出现的早晚，目前仍存在争论。一般认为，在 SOA = 43ms 时，只出现词形激活。但是，也有研究发现早期语义激活的存在。Perfetti 等（1995）采用掩蔽启动方法研究表明，当启动字呈现时间为 20ms、目标字呈现时间为 35ms 时，形似字、音同字、义近字均无启动效应；而当启动字呈现时间增加到 50ms 时，形、音、义的启动效应均产生。周晓林等（1998，2000）采用词汇判断任务，对汉字识别中语音、语义激活的相对时间进程的研究也表明，当 SOA = 57ms 时，即出现了语义的启动效应。本实验结果支持了早期语义激活效应的存在。

二、实验 2　义符熟悉性对低频形声字词汇通达的影响

（一）问题提出

前已述及，部件频率的研究为部件在汉字认知中的作用提供了证据，但结论并不一致（韩布新，1998；Taft & Zhu，1997）。Ding，Taft 和 Zhu（2000）也发现，当部件也可以作为独体字时，如果控制其作为独体字时的频率，部件的频率效应就会出现。在这种情况下，部件频率可以独立于部件位置，他们将之称为第三种部件频率的测量方式。Ding，Peng 和 Taft（2004）采用启动范式，探讨了在短时 SOA 条件下对启动条件为与目标字相同的部件或包含相同部件的汉字的启动效应。结果表明，当目标字为低频字且将启动字作为部件包含时，出现了正启动效应；当启动字和目标字在相同部位包含相同部件时，也出现了正启动效应，但当部件相同、部件位置不同时，出现了负启动效应。另外，对整字（词）的研究表明，频率效应还受任务影响。Balota 和 Chumbley（1984）证明，当要求被试判断字符串的真假时，频率效应最大。

但在命名中，只有中度的频率效应；在范畴证实中，频率效应并不大。产生这些争论的原因，就在于影响部件加工的因素不仅包括部件频率本身，还包括部件位置、部件性质以及整字频率等。

尽管义符研究已经取得了丰富成果，这些成果为义符具有表形、表义和表语法的功能提供了证据（张积家、张厚粲、彭聃龄，1990；张积家、彭聃龄，1993；佘贤君、张必隐，1997；Yeh，S. L.，Li，J. L. 2004；Yeung，Wong & Chiu，2005），但已有义符的研究对整字频率与义符熟悉性的交互作用考虑不够。在已有研究中，多把频率作为匹配平衡的因素加以处理，而匹配方法有可能掩盖不同频率汉字加工的差异（Feldman et al.，1999a）。实验2采用相同的研究范式，在匹配高低频目标字的词频、笔画数、具体性、情境获得性等多个因素的条件下，对低频形声字作为启动字对目标字在不同SOA条件下的影响进行研究，从而对义符熟悉性在形声字词汇通达中的作用进行系统全面的分析。

（二）研究方法

1. 被试

60名大学本科生，男、女各半，视力正常或矫正后正常。

2. 材料

目标字与实验1中的目标字在词频、具体性等6个指标以及实验任务上都进行了匹配。采用43ms、72ms、243ms三种SOA条件，对4种不同启动条件下的材料进行筛选。最后选出启动字为低频形声字、目标字为中频形声字的启动字—目标字96对。4种启动类型的划分依据与实验1相同。义符的主观熟悉性由实验1中已经完成的2 500个常用汉字中出现的129个义符的评定结果确定。8组实验材料的各项指标见表5－5。各启动字组中义符的位置分布以及各启动字组中不同义符的个数（相同义符只计为1）见表5－6。

表5－5　8组材料中启动字和目标字的各项指标

启动字	义符熟悉性高				义符熟悉性低			
	R＋S＋	R＋S－	R－S＋	R－S－	R＋S＋	R＋S－	R－S＋	R－S－
义符熟悉性	6.02	5.93	5.89	5.92	3.88	4.01	3.78	3.88
笔画数	10.83	10.50	10.08	10.92	11.17	11.75	11.42	11.75
词频	0.003 2	0.003 3	0.003 2	0.002 7	0.002 4	0.003 1	0.003 8	0.002 6
语义相似度	4.56		4.80		4.37		4.54	

（续上表）

目标字	义符熟悉性高				义符熟悉性低			
	R+S+	R+S−	R−S+	R−S−	R+S+	R+S−	R−S+	R−S−
笔画数	10.25	9.83	10.25	9.92	10.17	11.25	9.58	10.67
词频	0.008 8	0.008 2	0.007 6	0.007 4	0.007 8	0.007 5	0.008 4	0.007 1
词汇判断反应时	619	616	617	612	619	616	622	611

注：词频单位为每百字中出现该字的次数，选自北京语言学院编的《现代汉语频率词典》（1986年）。

表5−6　各启动组中义符的位置分布及各组中义符的个数

启动条件	义符在启动字中的位置					义符个数
	左	右	上	下	包围	
R+S+、义符熟悉性低	7	2	1	1	1	12
R+S+、义符熟悉性高	11	0	1	0	0	12
R+S−、义符熟悉性低	6	3	0	2	1	12
R+S−、义符熟悉性高	10	0	2	0	0	9
R−S+、义符熟悉性低	5	6	0	1	0	11
R−S+、义符熟悉性高	11	1	0	0	0	12
R−S−、义符熟悉性低	8	2	0	1	1	10
R−S−、义符熟悉性高	10	1	1	0	0	10

注：义符在启动字中包围的位置既包括全包围，也包括半包围。

3. 设计

4（启动条件）×2（义符熟悉性）×3（SOA）三因素重复测量设计。对启动字，在控制词频和笔画数的基础上，另外找30名大学生采用7点量表评定R+S+和R−S+两组材料中启动字与目标字的语义相似性。语义越相似，评分越高；语义越不相似，评分越低。统计表明，R+S+和R−S+两组材料的启动字和目标字的语义相似性差异不显著，$t=1.31$，$p>0.05$。采用拉丁方方式对96个启动字对的SOA进行了分配，将材料分为3组。每组材料包括所有的启动字对，但每个启动字对只在一种SOA的条件下出现。3组材料各由20个被试完成。实验预期是：整字频率是影响词汇通达速度的重要因素，但义符作为汉字识别的重要部件，必将扮演重要的角色。如果义符熟悉性不影响低频形声字的识别，则 R+S+与 R-S+条件下对目标字词汇判断的反应时应无差异，因为在这两个条件中启动字和目标字的整字语义相关已经平衡了；R+S-和 R-S-条件下对目标字的反应时也应无差异，因为在这两个条件中启动字和目标字均无语义关联，义符熟悉性高低也不影响对目标字的反应时。如果义符熟悉性在低频形声字识别中起作用，则根据词形特征或语义特征对形声字的识别影响，可能出现如下结果：若只有义符的词形特征影响词汇识别，则 R+S+、R+S-组的目标字反应时与 R-S-控制组的目标字反应时应差异显著，R+S+与 R-S+组目标字的反应时差异也应显著；若只有义符的语义特征起作用，则 R+S+和 R-S+的反应时应无差异，而 R+S-组的反应时可能慢于 R-S-控制组。因为在 R+S-组中的启动条件下，意义不明确的义符起抑制作用，在启动字与目标字的整字意义不相关时，目标字加工则可能被抑制；如果义符的词形特征和语义特征在不同加工阶段起作用，则可能出现其他的反应模式。

4. 程序

同实验1。

（三）结果与分析

统计方法同实验1。每种启动条件下目标字的反应时和错误率见表 5-7。各种条件下的净启动效应见表 5-8。

表 5-7　目标字词汇判断的平均反应时（RT）和平均错误率（ER）

义符熟悉性	启动类型	SOA = 43ms		SOA = 72ms		SOA = 243ms	
		RT（ms）	ER（%）	RT（ms）	ER（%）	RT（ms）	ER（%）
低	R+S+	718	12.50	691	11.25	669	8.33
	R+S-	698	9.58	702	7.50	692	6.25
	R-S+	690	4.17	708	5.83	646	5.83
	R-S-	704	10.00	695	10.00	673	10.42
高	R+S+	687	7.08	685	7.92	687	6.25
	R+S-	750	8.33	727	8.75	694	8.33
	R-S+	696	6.67	673	3.33	627	2.50
	R-S-	694	7.92	690	8.33	657	7.50

表5-8 各类启动字的反应时净启动效应

启动条件	义符熟悉性低			义符熟悉性高		
	43ms	72ms	243ms	43ms	72ms	243ms
R+S+	-14	4	4	7	5	-30*
R+S-	6	-7	-19*	-56***	-37*	-37*
R-S+	14	-13	27*	-2	17	30*

4（启动条件）×2（义符熟悉性）×3（SOA）三因素重复测量的方差分析表明，启动类型的主效应显著，F_1（3，177）=10.20，$p<0.001$；F_2（3，33）=13.91，$p<0.001$。均数比较表明，R+S-条件的反应时（M=710.5ms）显著长于R+S+条件（M= 689.5ms）、R-S+条件（M=673.3ms）和R-S-条件（M=685.5ms），$p<0.01$或0.001；R+S+条件和R-S-条件的反应时显著长于R-S+条件，$p<0.01$；R+S+条件和R-S-条件的反应时差异不显著，$p>$ 0.05。义符熟悉性的主效应不显著，F_1（1，59）=0.61，$p>0.05$；F_2（1，11）=0.13，$p>0.05$。义符熟悉性高和义符熟悉性低时的平均反应时分别为690.6ms和688.9ms。SOA的主效应显著，F_1（2，118）=22.89，$p<0.001$；F_2（2，22）=81.32，$p<0.001$。当SOA为43ms、72ms和243ms时，平均反应时分别为704.6ms、696.4ms和668.1ms，即随着SOA的增长，目标字加工呈现出逐步加快的趋势。均数比较表明，当SOA=43ms和SOA=72ms时，平均反应时显著长于SOA=243ms，$p<0.001$；但SOA=43ms和SOA=72ms时的平均反应时差异不显著。启动类型和义符熟悉性的交互作用显著，F_1（3，177）=3.14，$p<0.05$；F_2（3，33）=13.91，$p<0.001$。义符熟悉性不同，启动类型之间的差异也不同。启动类型与SOA、义符熟悉性与SOA及三者的交互作用不显著，F_1（6，354）= 1.22，$p>0.05$，F_2（6，66）=1.25，$p>0.05$；F_1（2，118）=0.93，$p>0.05$，F_2（2，22）=0.20，$p>0.05$；F_1（6，354）=1.29，$p>0.05$，F_2（6，66）=1.50，$p>0.05$。

为了进一步明晰不同的SOA、不同启动条件下义符熟悉性对目标字识别的影响，分别对义符熟悉性不同的目标字的反应时进行4（启动类型）×3（SOA）重复测量的方差分析。结果表明，当启动字的义符熟悉性低时，启动类型的主效应被试分析不显著，F_1（3，177）=1.00，$p>0.05$；项目分析显著，F_2（3，33）=6.21，$p<0.05$。R+S-条件（M=692.6ms）、R+S+条件（M= 697.2ms）、R-S+条件（M=681.0ms）的反应时与R-S-条件（M=690.6ms）比较均无显著差异。SOA的主效应显著，F_1（2，118）=7.47，p=

0.001；F_2（2，22）=51.32，$p<0.001$。当SOA为43ms、72ms和243ms时，平均反应时分别为702.5ms、699.1ms和670.0ms，即SOA越长，对目标字反应越快。当SOA=43ms和SOA =72ms时，平均反应时显著长于SOA=243ms，$p<0.001$；SOA=43ms和SOA=72ms时的平均反应时差异不显著。启动条件的主效应不显著，与在不同SOA条件下义符的作用不同有关。LCD比较表明，在不同SOA的条件下，仅在SOA=243ms时R+S-、R-S+与控制条件比差异均显著，$p<0.05$，R+S-出现了显著的负启动效应，R-S+出现了显著的正启动效应。这表明，此时既有整字语义的激活，也有义符语义的激活，由于义符与整字的意义不一致，因此在R+S-条件下出现了负启动效应。启动类型和SOA的交互作用不显著，F_1（6，354）=1.54，$p>0.05$；F_2（6，66）=0.88，$p>0.05$。

当启动字的义符熟悉性高时，启动类型的主效应显著，F_1（3，177）=10.20，$p<0.001$；F_2（3，33）=37.49，$p<0.001$。均数比较表明，R+S-条件的反应时（M=723.6ms）显著长于R-S-条件（M=680.3ms）的反应时，R+S+条件的反应时（M=686.3ms）显著长于R-S+条件（M=665.3ms）的反应时，R+S+条件的反应时显著短于R+S-条件的反应时。SOA的主效应显著，F_1（2，118）=14.20，$p<0.001$；F_2（2，22）=35.82，$p<0.001$。当SOA为43ms、72ms和243ms时，平均反应时分别为706.8ms、693.8ms和666.3ms，即SOA越长，对目标字反应越快。均数比较表明，当SOA=43ms和SOA=72ms时，平均反应时显著长于SOA=243ms，$p<0.001$；SOA=43ms和SOA=72ms时的平均反应时差异不显著。启动类型和SOA的交互作用不显著，F_1（6，354）=1.00，$p>0.05$；F_2（6，66）=1.91，$p>0.05$。LCD比较表明，当SOA=43ms时，R+S-条件下出现了负启动效应，$p<0.01$；当SOA=72ms时，R+S-条件与控制条件比均差异显著，$p<0.05$，出现了负启动效应；当SOA=243ms时，R+S+、R+S-、R-S+条件的反应时与控制条件比均差异显著，$p<0.05$，其中R+S+、R+S-为负启动效应，R-S+则为正启动效应。这说明，当义符熟悉性高时，义符的语义作用很早便已出现，随着加工时间的延长，整字的语义已经激活，义符的词形特征也再次被分配到加工资源，出现了激活，表现为R+S+、R+S-条件下的反应时与控制条件下的反应时差异显著，R+S+与R-S+条件的反应时差异也显著。

错误率的重复测量分析表明，义符熟悉性的主效应被试分析显著，F_1(1，59)=4.52，$p<0.05$，项目分析不显著，F_2（3，33）=0.58，$p>0.05$。义符熟悉性低时的错误率（8.47%）显著高于义符熟悉性高时的错误率（6.91%）。LCD比较表明，当义符熟悉性低，SOA=43ms时，R-S+

条件比控制条件的错误率显著低，$p<0.05$；R+S+和R+S-条件的错误率显著高于R-S+条件，$p<0.05$。在SOA=243ms时，R-S+条件比控制条件错误率低，$p<0.01$。当义符熟悉性高，SOA=72ms和SOA=243ms时，R-S+条件下的错误率显著低于控制条件，$p<0.05$。其他条件下的错误率与控制条件比均无显著差异，$p>0.05$。启动类型的主效应显著，$F_1(3, 177)=6.20$，$p<0.001$；$F_2(3, 33)=2.12$，$p<0.05$。均数比较表明，当R-S+（$M=4.72\%$）显著低于R-S-条件（$M=9.03\%$）时，$p<0.01$，其余条件下的错误率差异不显著。SOA的主效应不显著，$p>0.05$。当SOA为43ms、72ms和243ms时，平均错误率分别为8.28%、7.86%和6.93%。启动类型与义符熟悉性、启动类型与SOA、义符熟悉性与SOA及三者的交互作用都不显著，$F_1(3, 177)=2.15$，$p>0.05$，$F_2(3, 33)=0.29$，$p>0.05$；$F_1(6, 354)=0.28$，$p>0.05$，$F_2(6, 66)=0.29$，$p>0.05$；$F_1(2, 118)=0.01$，$p>0.05$，$F_2(2, 22)=0.01$，$p>0.05$；$F_1(6, 354)=0.99$，$p>0.05$，$F_2(6, 66)=0.95$，$p>0.05$。

（四）讨论

1. 义符在低频形声字词形通达中的作用

已有的汉字识别模型对汉字字形的加工过程并未达成共识（Joordens & Merikle，1993；Freud，1986；Williams & Bever，2010；Cole，Segui & Taft，1997）。争论的焦点是字形加工中究竟是特征分析占优势，还是整字加工占优势。多数研究者认为，在合体汉字的字形识别中，存在着整字加工和部件加工的结合。部件加工优先，还是整字加工优先，要视材料的性质（词频、具体性、词形复杂度等）、加工任务等因素而定（陈传锋、黄希庭，1999；Feldman et al.，1999a；Wydell et al.，1995；沈模卫等，1997）。研究表明，在汉字形声字通达中，当启动字为低频字时，义符的表形功能在加工的早期并不明显。具体表现为，当义符熟悉性低，当SOA为43ms和72ms时，各启动条件下目标字的反应时与控制条件比差异不显著。SOA为243ms时，整字的语义出现了激活，R-S+条件下出现了正启动效应，此时R+S-启动条件下出现了显著的负启动效应，而R+S+条件与控制条件比则无显著的差异，表明此时义符的语义出现了激活。当义符熟悉性高时，义符在词汇通达早期就出现了语义激活，而表形的功能却并不明显。当SOA=243ms且在整字语义激活时，R+S-、R+S+条件下均出现了显著的负启动效应。这一结果与实验1的研究结果不同。在实验1中，词汇通达早期（SOA=43ms），高频字的整字语义已经激活，但义符熟悉性不同，义符词形通达的时间也不同。在词汇通达早期，义符熟悉性高的条件下，同时存在着整字语义与义符词形的加工，表现为R+S+、R-S+和R+S-条件下目标字的反应时均比控制条件下快。而在义符熟悉性低的条件下，义符的词形启动并未发生。此时，R+S-条件下目标字的反应时与控制条件比无显著差异。

分析两个实验的结果虽然不同，却从不同方面支持了形声字词形加工中整字加工与部件加工相结合的假设。认知资源理论认为，人的认知资源有限。识别刺激需要占用认知资源，刺激越复杂或加工任务越复杂，占用的认知资源就越多。当认知资源完全被占用后，新的刺激将得不到加工。该理论还假设，输入刺激本身并不能自动地占用资源，认知系统中有一个机制负责资源分配。这一机制是灵活的，受人的意志控制，使人能够把认知资源分配到重要刺激上（陈栩茜、张积家，2003）。高频字的熟悉性高，整字加工开展得更为顺畅。因此，整字语义激活就出现得早；与此同时，部件加工也已开始，而且在义符熟悉性高的条件下，表现出一定的词形启动的效果；当义符熟悉性低时，激活就出现了困难。此时，由于整字的熟悉性高，所以在加工早期，只有整字语义的激活，义符的词形启动效果并不明显。低频字的熟悉性低，识别它们需要占用更多的认知资源，整字的语义通达慢；与此同时，部件加工也已经开始，在词汇通达早期，在义符熟悉性高的条件下，自下而上的加工需要分配更多的认知资源到义符的语义特征，用于通达整字的语义，而词形的启动效应并不明显；当义符熟悉性低时，激活同样出现了困难。随着加工时间的延长，在SOA=243ms时，整字的语义已经通达，低频启动字条件下R+S+与R-S+条件却表现出显著差异。之所以如此，应该是自上而下的加工资源分配的原因。当SOA为243ms时，低频启动字的整字语义已经通达，此时，包含相同义符的目标字的出现使目标字的义符再次激活，并且高熟悉性义符的激活能量高于低熟悉性的义符，来自整字语义的促进和来自义符词形的抑制相抵，使得高熟悉性的义符在R+S+条件下出现了负启动效应，而低熟悉性的义符则无显著的词形启动效应。

这一结果模式也可以用知觉加工理论来解释。由于总的激活能量有限，如果词汇网络里的加工占用了较多容量，用于语义加工的容量必然少。低频字的熟悉性低，其觉察阈限高，需要较大的容量来激活，用于语义加工的容量相对于高频字较少，语义激活必然慢。义符熟悉性不同，激活时需要占用的容量也不同。义符熟悉性低，语义激活慢；义符熟悉性高，语义激活相对快。在Feldman等（1999a）的研究中，虽然启动字的词频低于目标字，但均为中等频率的形声字，启动字与目标字的词频差异小。根据联结主义模型，输入模式越是常见，被试对这种模式越是熟悉，辨认这种模式的阈限越低。

在本研究中，启动字与目标字的整字频率相差较大，被试辨认启动字的加工阈限较高。当整字语义通达之后，由于义符熟悉性高的启动字的自上而下的加工仍然处于激活状态，低频启动字的词形信息又出现了激活，并产生抑制作用，因此R+S+和R+S-条件下均出现了负启动效应。这一现象也可以用形旁的家族效应来解释。由于高熟悉义符的意义更为明确、更为常见，其形旁家族成员相对较多，包含相同义符的形声字在高熟悉义符的条件下相对也较多。而低频且义符熟悉性高的启动字在243ms条件下处于整字通达阶段，当目标字出现时，加工资源有一部分需要用于激活庞大的家族成员，因此加工时间相对较长，出现了负启动效应。

这一结果进一步支持了词频在词汇通达中的作用：词频不仅影响整字通达的速度，对亚词汇信息加工也有重要影响。由于义符熟悉性由大学生的主观评定完成，义符的熟悉性高低仅与义符意义的明确程度相关。义符的熟悉性越高，义符的意义就越明确。由于启动字的整字频率低，因此整字的语义通达慢。此时，低频启动字的亚词汇成分的结合度比高频启动字低，在加工时各亚词汇成分都需分配注意资源。虽然在字词认知整合完成之前，亚词汇成分的词形和语义水平的信息均可以激活，但熟悉性低的义符，语义信息相对模糊，通达相关语义信息的速度较慢。此外，低熟悉义符在整字中所处位置也相对分散，虽然研究中对义符位置尽量做了平衡，但仍然有一部分低熟悉义符位于整字的右部、上下部或包围位置，而高熟悉义符则更多地位于整字的左边。因此，低熟悉义符的词形信息的重要程度相对其他亚词汇成分并不突出，而高熟悉义符，语义信息相对明确，亚词汇水平的语义通达快，在整字未通达之前，亚词汇水平的语义特征突出，词形特征相对较弱，故在词汇通达早期和中期并未发现义符词形信息的明显作用。而在词汇通达晚期，自上而下的加工依据启动条件不同，故义符的词形信息和语义信息获得了不同水平的激活。

目前，越来越多的研究支持词形通达中的综合加工假设（Caramazza et al.，1988；郭小朝，2000）。在词汇识别中，既存在着词形部件的激活，也存在着整字的激活。词形部件是加工的基本单元。词形部件的加工不仅可以出现在整字识别之前，在整字识别之后，部件的激活依然可以存在（Feldman et al.，1992；Schreuder et al.，1994；管益杰、李燕芳、宋艳，2006）。佘贤君等（1997）发现，当SOA = 224ms时，对高频目标字，不管是义符启动还是音符启动，启动条件与控制条件在反应时和错误率上均无显著差异。对低频目标字，无论是义符启动还是音符启动，启动条件的反应时和错误率都显著低于控制条件。重复知盲的研究发现，当刺激呈现时间高于50ms，在两个目标字之间有一个干扰字时，整字出现重复知盲；当刺激呈现时间短于50ms，在两个目标字之间无干扰字时，汉字部件出现重复知盲（Su & Jing，2004）。在实验1中，当SOA =43ms时，高频形声字的整字出现了激活，此时高熟悉义符的词形激活仍然存在。在本实验中，目标字相对于启动字频率高，在整字未启动时，义符的词形启动作用并不明显。这一结果既为综合加工假设提供了进一步支持，同时也表明，义符作为汉字的特殊部件，其词形表征的作用也可能不显著或者被语义特征所掩盖。认知神经科学的研究表明，低频字加工需要激活更多的脑区（Liu & Perfetti，2003；Coney，2005；Kuo，Yeh & Yang，2009）。启动范式的研究也发现，在词汇加工早期，当启动字为低频形声字时，可以独立成字的音符也可以启动相应的语义信息，即便启动字与目标字整字之间没有语义关联（周晓林等，2000）。高兵等（2005）发现，在汉字词识别中，词频和语义透明度存在显著的交互作用，语义透明度对低频字词的影响大于对高频字词的影响。这些也为本研究的结果提供了佐证。

2. 义符在低频形声字语义通达中的作用

在三种SOA条件下，当义符熟悉性高时，R + S - 条件下均出现了显著的负启动效应。当义符熟悉性低时，R + S - 条件在SOA =243ms时也出现了负启动效应。这表明，形声字的义符能够自动分解激活并通达其亚词汇水平的语义特征，但义符熟悉性高低是影响其语义激活时间的重要因素。熟悉性高的义符，语义更为明确、更为常见，意义通达也就更快。

这一结果可以用Collins和Loftus的“两个网络系统”模型来进行解释（Collins & Loftus，1974）。汉字词的语义加工涉及词汇网络系统和语义网络，义符是两个系统之间的联结点（张积家、彭聃龄，1993）。当有义符的刺激字呈现时，最先激活词汇网络里笔画的加工单元，然后激活部件的加工单元，义符就是一种重要的部件加工单元。此时，一方面，来自义符加工单元的激活继续上行激活整字的加工单元，从而导致对形声字的识别；另一方面，激活沿着网络之间的联结通路激活语义网络中代表范畴的概念节点，并激活与它相联结的范畴成员的节点和定义的语义特征，从而降低它们的反应阈限，并启动自动的自上而下的加工。因此，在词汇通达的早期，一般会出现义符的词形启动，但义符与一般的形旁又有差异。大部分义符都有明确的意义，甚至本身就是简单的汉字，其语义在词汇通达早期就可以得到激活。至于是否需要激活义符的语义，与加工任务和实验材料有关。在启动字为低频形声字时，整字的语义通达比较困难，更需要义符这一词汇网络和语义网络的联结作为通达语义的桥梁。在词汇通达的早期，高熟悉义符的语义作用便已体现。而义符熟悉性低时，义符的语义通达速度较慢，其语义作用只有到了词汇通达的晚期才会出现。

一般认为，在亚词汇加工中，在控制了整字的词频以后，词根的频率越高，词汇决定的反应时就越短。但并非所有的研究结论都如此。Taft 等（2004）发现，在控制了整字的频率以后，词根和词缀结合的阶段越迟，高频词根与词缀的结合比低频词根与词缀结合更为困难，而且这可以平衡掉高频词根词汇通达的优势。眼动的研究支持整字频率效应出现在加工的后期阶段、词根频率效应则出现在早期阶段的观点。Beauvillain（1996）以法语词为材料发现，早期的注视时间仅受词根频率的影响，整字频率的作用不显著；晚期的注视时间受整字频率的影响，即词根的频率越高，加工词根的速度就越快。整字的频率越高，加工整字越快。相似的结果也在英语研究中被发现（Niswander，Pollatsek & Rayner，2000），而这一模式在派生后缀词中比派生词缀中更为明显。本研究表明，义符熟悉性的作用受整字频率及加工任务的影响。义符熟悉性越高，义符加工的速度越快，但当整字频率低时，高熟悉义符与其他部件结合会更加困难，这在一定程度上平衡掉了高熟悉义符的优势。因此，义符熟悉性与启动类型出现了交互作用。在词汇通达的早期和中期、R+S-条件下，义符熟悉性高的目标字的反应时长于义符熟悉性低的目标字的反应时。

三、总讨论：义符在汉字词汇通达中作用的模型建构

目前，尚无专门针对义符在汉字词汇通达中的作用的模型。Ding，Peng 和 Taft 曾经提出一个基于可独立成字的部件的加工模型（Ding，Taft & Zhu，2000；Taft，Zhu & Ding，2000）（见图 5-1），后来又做了进一步的修正（Ding，Peng & Taft，2004）（见图5-2）。在早期的模型中，整字（如“枢”）通过激活独体字（如“区”）和相应的位置信息（右边）来加工。对于可以独立成字的部件，加工通过笔画特征水平来激活，部件的位置信息（在图中用符号的箭头方向表示）仅当笔画组合在合体字的相应位置时才激活。当某个位置单元和其他相关特征单元共同激活时，将激活一个特定位置的部件表征，即相同的部件位于不同的位置时，会有不同的表征。在后期的模型中，独体字和合体字处于不同的表征水平，部件单元介于其间。在合体字单元之间存在着一定的抑制联系，这种抑制联系受汉字和部件之间的相似性调节。当合体字“枢”呈现时，首先激活“区”这一独体字及基于位置的部件单元信息。这些激活将传递至所有包含“区”作为部件的合体字，如“躯”和“欧”，使其受到抑制。Ding，Peng 和 Taft（2004）发现，启动字“乏”激活了作为独体字的信息，“砭”包含相同的部件，因此出现了促进效应。合体字

之间的抑制作用和来自部件的促进作用使得结果模式表现出多变性。

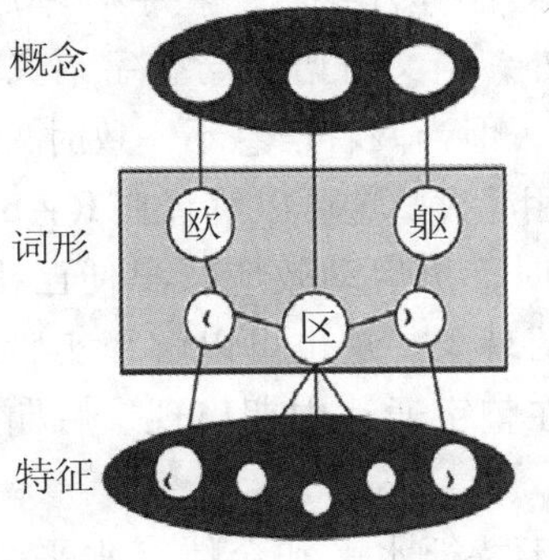

图 5－1　早期部件通过单体字表征激活的模型

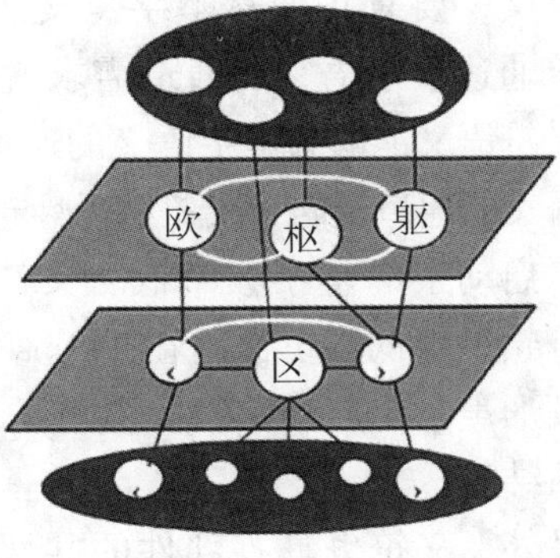

图 5－2　2004 年关于部件通过独体字表征激活的修正模型

由于义符的特殊性，基于独立成字的部件加工模型并不完全适用于义符加工。在 Ding，Peng 和 Taft（2004）的研究中，启动字和目标字之间并不存在语义关联，部件与整字之间的语义关联也不紧密；而义符的语义大多与整字的语义具有紧密的联系，而且大部分义符不能独立成字。因此，有必要建立专门针对义符对词汇通达作用的模型。结合本研究和相关研究的结果，在此提出一个义符在汉字形声字词汇通达中的作用的模型（见图 5－3）。

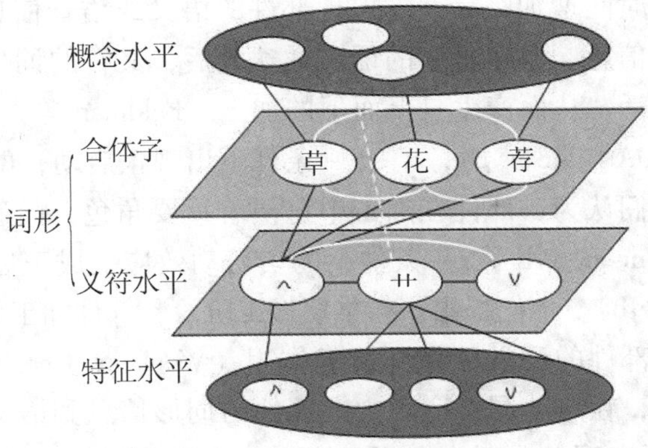

图 5－3　义符在词汇通达中表征和加工的模型

在此模型中，义符为整字语义的通达提供了特殊通道。汉语教学及相关研究也支持在汉字识别中义符具有重要作用的看法（Pine，Huang & Song，2003）。但由于义符的语义只标明整字所代表的概念的类属或动作的发出器官或工具等，与整字语义有关联却不完全等同，因此，在图 5－3 中以虚线标示。义符熟悉性越高，义符通达整字语义的通道就越顺畅。但义符只能提供相关意义，要真正通达整字意义，仍然需要其他部件参与。整字频率越高，对义符通达整字语义的通道需求就越低。此外，当义符语义与整字语义一致时，义符语义能够为整字语义的通达提供帮助，但当两者信息不一致时，义符通达语义的通道受阻，义符熟悉性越高，负作用越大。这可以解释在 R + S - 条件下，启动字的整字频率低、义符熟悉性高时，负启动效应很早便已出现，而义符熟悉性低，负作用在 243ms 时才出现的现象。这也可以解释实验 1 中当高频形声字为启动字时，义符的语义信息在整字通达中期出现、后期作用消失的结果。

另外，义符也具有部件的共性。义符介于特征水平和合体字水平之间，高于笔画水平的表征，低于形声字水平的词形表征，受到义符位置的影响。相同的义符，位置不同，表征也可能不同。在部件相同、位置相同的形声字之间也存在相互抑制或相互促进，这些作用受整字频率、义符频率、义符的家族大小（即包含相同义符的形声字的多少）以及义符与整字语义的关系等诸多因素影响。以"草"和"花"启动条件为例，首先，相同义符能够产生促进作用；同时，相同的义符家族成员之间又会出现相互抑制；再者，语义相关也会出现促进作用。三方面力量的对比与均衡受诸多因素（如 SOA、启动字和目标字的频率、启动和目标之间语义相关的高低以及加工任务等）影响。在词汇加工时，一般是先进行笔画特征的分析，后出现部件水平的词形激活，随着加工时间增加，后期才出现部件的语义或语音信息的激活，最后通达整字的语义信息。但在整字的语义通达之后，义符的词形或语义信息也可能重新出现激活，从而产生自上而下的加工。Feldman 等人（1999a）的研究中发现，当 SOA = 243ms 时，R + S + 条件下出现正启动，R + S - 条件下则出现负启动。他们认为，部件在加工中扮演着重要角色。而进一步研究却发现，当 SOA = 43ms 时，R + S - 条件下的负启动效应变成正启动效应（Feldman & Siok，1999b）。他们提出，在早期加工阶段，部件加工仅基于词形；在后期加工阶段，部件的语义信息开始起作用（Weekes，Chen & Lin，1998）。但也有研究表明，在启动词汇命名中，部件的词形信息和语义信息会因为启动条件的不同而出现选择性的激活（Zhou，1994；Zhou，Marslen - Wilson，1999）。例如，Zhou 和 Marslen - Wilson（1999）发现，当 SOA = 100ms 时，在 R + S + 条件下，如"狮—狼"由于义符相同，词形信息倾向于互相抑制。但此时语义相关起促进作用，两种作用相互抵消，使得启动效应不显著。启动字的整字频率低，整字的语义启动效应发生得晚，此时，相同义符和包含相同义符的家族的作用相对于高频字而言会更为突出。义符熟悉性高，义符的语义通达更快，当 SOA = 243ms 时，整字语义通达以后，启动了自上而下的加工，义符的词形信息的抑制作用也就更为明显，故 R + S + 条件下出现了显著的负启动效应。这也可以解释当使用高频启动字且 SOA = 43ms 时，即已出现了整字语义激活，此时义符的基于词形的加工在义符熟悉性高时作用显著，表现出 R + S + 和 R + S − 的促进作用。当启动字的词频低且 SOA = 43ms 和 SOA = 72ms 时，整字语义并未通达，却先出现了高熟悉义符的语义通达作用。

四、总结论

义符熟悉性高低影响汉字形声字的词汇通达。但整字频率也是影响形声字词汇通达的重要因素。在汉字高频字识别中，义符与整字的激活表现出动态的相互作用：在加工早期，整字的语义就出现激活，而义符却只表现出词形启动的效应；在加工中期，整字的语义激活仍然很明显，义符的语义也开始起作用；在加工晚期，整字的语义启动仍然显著，但义符语义启动作用消失，表明词汇通达的整合过程已经完成。在汉字低频字的识别中，加工早期，高熟悉义符出现了语义启动，而低熟悉义符的启动作用不明显。在加工晚期，高、低熟悉的义符均出现了语义激活，义符的词形信息也会激活。

义符熟悉性与整字频率之间存在着动态的交互作用。以往研究表明，义符主要对汉字词的语义决定有影响，鲜有研究揭示义符熟悉性对字词识别的影响。本研究则表明，义符不仅是语义的块，语法的块，也是认知的块。义符作为汉字的构字部件，不仅对汉字的语义决定有影响，对汉字识别也有重要影响。

第六章 总结与展望

义符是汉字系统中一道独特的风景线，是中文由形达义的重要载体。对义符进行研究，不仅有助于了解中文认知加工的独特性，也有利于进一步诠释语言加工的本质，对于中文教学及人工智能的研制亦具有深远的实践价值。

在对国内外义符的相关研究进行分析、比较的基础上，我们通过实验法对义符在中文词汇加工中的作用进行了一系列的心理学研究。我们不但考察了义符对汉字语义认知的影响，还探讨了义符的句法性和义符的正字法特征在词汇识别中的作用，并最终整合实验结果，构建了中文词汇通达中义符表征的模型。总的来看，本研究的结果可以总结为四个方面。

一、义符对汉字语义认知的影响

当前，关于汉字词语义通达的理论可分为三派：①语音中介理论。认为词义的提取必须经过语音中介，加工顺序为形→音→义（Van Orden，1987）。②直通假设。认为汉字是表意文字，字形与字义联系大于拼音文字，汉字词汇通达完全可以由形达义，不必经过语音的中介作用。③双通道理论。认为人们可以经由两种方式得知汉字的意义：一是由形达义，二是走形→音→义的道路。两条通道独立、平行地发挥作用，并且具有竞争性。目前，双通道理论已经得到越来越多的认知心理学、认知神经科学的证据支持。已有关于义符的研究表明，汉字中存在“由形达义”的通道，表现为义符促进汉字整字范畴语义和特征语义的认知。本研究进一步证实，汉语动作动词“由义符标志动作发出器官和使用工具”的特点对汉语动作动词发出器官和使用工具的认知也有积极的促进作用。

另外，本研究发现，义符与词频和具体性这两个影响整字通达的因素之间存在着交互作用。具体表现为，当义符与动作器官一致时，语义提取不受词频和具体性的影响；当义符与动作器官不一致时，词频和具体性的高低有重要影响。这一结果与“两个网络系统”模型和“平行激活扩散”的思想一致。我们认为，字词的语义加工涉及词汇网络和语义网络系统。词频和具体性分属于这两个不同的网络系统。词频影响词汇网络中各个加工单元的激活值，词频越高，词汇网络的各个单元越容易激活，用于语义加工的激活便多，语义加工必然迅速；具体性是语义网络中的变量，具体性高的词，相关概念节点的激活阈限也低，语义提取也必然迅速。因此，一般情况下，词频和具体性越高，语义的决定任务越快。但是，当词有义符直接标示词汇的意义时，被试无须激活词汇网络或者语义网络中的其他节点，直接通过义符即可通达相关的语义，从而掩盖了词频和具体性的影响。因此，本研究中词频和具体性对义符影响的结果进一步证实了汉字中“由形达义”通道的存在。

另外，本研究还发现，不同的汉字义符对身体动作动词的认知也有重要作用。具体表现为，在词汇判断时，当动作动词有义符标志动作的发出器官时，用眼和口完成的动作动词比用手和脚完成的动作动词反应时长。而当无义符标志时，各组身体动词的认知无显著差异。在命名时，有、无义符表征动作发出器官对各类身体动词的认知并无显著影响，但各类身体动词的认知却存在差异。这一结果表明，义符表征不仅受词频和具体性影响，还受实验任务和实验材料影响。词汇判断时，要求被试判断词的合法性，这就要求对词的结构进行较多分析。词的结构包括词的整体构形，也包括成分分析，因此，义符加工就进行得充分些；而命名主要诉诸语音提取，对结构分析要求相对较低。义符不同于声旁，不具有表音作用，所以也就显示不出对命名的促进。虽然也有研究表明，在汉字认知中，义符的语音也能够被激活，但这种激活作用相对来说是微弱的。此外，认知神经科学的研究已经证明（Hauk & Pulvermüller，2004），由不同器官发出的动作动词在额叶的一些皮层部位有不同的激活。本研究通过认知行为学的指标为这一结果提供了支持证据，并进一步发现，语言特点和加工任务对中文身体动词的特异性加工也有影响。因此，可以说，字词识别是词汇的物理表征、心理表征和生理表征相互作用的结果。

二、义符对汉字词语法意义认知的影响

词汇的语法类别信息是词汇知识的重要组成部分。它与词汇的语音知识、词形知识以及语义知识共同构成了人们的词汇知识系统。当前，对语法类别的较为一致的看法是（Carroll，2000）：当两个词可以在一个句子的同一位置上进行互换时，它们属于同一句法类别。例如，在“我今天吃了苹果”一句中，可以将“苹果”替换为一系列其他的词，如“香蕉”、“饺子”等。虽然

替换的词可能改变句子的意义，但句子的句法信息并没有改变。使用句法类别的优点在于，我们可以基于种类来形成语法规则，而不是通过单个的词汇项目。如果是单个的词汇，我们就无法知道在一个句子中，“苹果”一定要出现在“吃”后面。而语法中却规定，动词应该修饰名词。为了使用这一规则，我们需要在心理词典中有一个关于词汇语法类别信息通达的通道（Miller，1991）。

在拼音文字中，有词缀标志词类。例如，英语中，以“-tion”、“-sion”、“-ness”为后缀的词一般为名词，以“-ed”、“-ate”为后缀的词一般为动词，以“-tive”、“-able”为后缀的词一般为形容词。英语的这一特点使得很多研究者认同在英语的词汇表征中存在着语法的块。然而，汉语没有词缀标示词性。因此，汉语中词的语法兼类现象很常见。但是，需要指出的是，大部分汉语单字词仍然存在较为确定的词性。如“花”单独呈现时，多数场合下为名词。因此，关于汉字的语法类别的研究具有很高的研究价值。

对义符的分析发现，大部分中文名词都有标记事物物质组成的义符，大部分中文动词都有标记动作发出器官或工具的义符，一些义符更多出现在动词中，另一些义符则更多出现在名词中。本研究发现，义符的这些特征在表征句法范畴上具有重要的效应：当义符的语法特征与整字的词类一致（动词有义符标记动作发出的器官或工具；名词有义符标记物质的组成）时，分类的反应时就短。具有明显的句法倾向性的义符的词能被更快地确定为动词或名词。

这一结果说明，在汉字的词汇通达中，汉字的视觉特征也可以传达一定的语法信息。对于熟练的汉语阅读者，由于长时间接触汉字，对汉字的义符敏感度高，对大部分义符一般都能了解相应的语义知识，并将这些语义知识与整字语义、句法信息相结合。在这一结合中，被试就获得了一定的内隐的语法知识。例如，某一义符更经常出现在哪一词类中。当含有义符的词呈现时，词形输入直接激活了词汇网络中的义符表征，进而激活概念网络中与义符有关的节点，也激活了义符的语法属性。当词识别后再作语法分类时，概念网络中词的语法种类的节点已被激活，因此只需较少激活就可以作出决定。因此，义符在汉语使用者的心理词典中，既是通达整字语义信息的中介，也是通达整字语法信息的中介。

三、义符在汉字识别中的作用

字词识别是认知心理学阅读研究领域的热门课题。在汉字字形知觉研究方面，有关合体字字形识别过程加工层次的划分，有三种不同的假设（管益杰、方富熹，2000），即整字假设、部件中介假设和整字部件相结合的假设。整字假设认为（沈模卫、朱祖祥，1995；肖崇好、黄希庭，1998），合体汉字字形识别包括特征加工和整字加工两个层次。特征加工与特征觉察器的活动相联系。特征觉察器的输出直接成为字觉察器的输入。部件中介假设则认为（黎红、陈煊之，1997；陈传锋等，1999），合体汉字的字形识别必须以部件识别为基础，即在特征和整字之间存在一个部件加工水平。部件觉察器的活动是沟通特征水平与整字信息联系的中介环节。这两种假设都有一定的证据支持。以合体汉字为材料的研究表明，在非速视呈现条件下对整字知觉不受结构方式影响，对整字识别优于对整字中部件的识别（陈传锋等，1999；Chen，1986；喻柏林等，1990；1991）。这些结果倾向于支持整字假设。然而，采用速视条件范式的实验却发现，字形结构方式影响字形整体知觉（黎红等，1997），对合体汉字中的部件识别存在部位效应；当合体汉字的呈现时间按递增序列反复呈现时，被试经常从先识别一个部件发展到知觉整字。这些研究结果又支持了部件中介假设。综合已有研究，越来越多的研究者认为，汉字字形识别过程中，存在整字和部件的结合（郭小朝，2000）。部件优先还是整字优先要视实验材料的性质（词频、具体性、词形复杂度等）、加工任务等各方面的因素而定。

与其他汉字部件不同，很多汉字义符没有语音编码。因此，在汉字词汇通达中，义符主要是词形和语义通达的基本单元。目前，对义符语义提取功能的研究居多，对其词形通达功能的研究较少。因此，在第五章中，通过启动条件下的词汇判断任务，我们进一步对义符在高、低频汉字识别中的词形和语义的通达情况进行了探讨。结果发现，高频字的整字语义在词汇加工的早期阶段就已经激活，而且一直保持。但熟悉性高低不同的义符在汉字识别过程中作用有所不同，表现为：义符熟悉性高时，在汉字识别早期，义符发生了词形启动；在汉字识别中期，发生了义符的语义启动；在汉字识别后期，义符作用不再显著。当义符熟悉性低时，早期词形启动作用不明显；而在加工中期，义符具有较明显的语义启动作用；在加工后期，义符作用不再明显。而低频启动字中义符的表形功能在加工早期并不明显，义符的语义特征相对更重要也更突出。

出现这一结果，一方面可能是由于词频效应。词频高的汉字，整字语义启动发生相对早。另一方面，则可能是义符熟悉性高低的作用。对于义符熟悉性高低的作用，可以通过认知资源的假设和汉字识别中“整体部分相结合”的假设来解释。当义符熟悉性低时，其激活阈限高，此时由于整字频率较高，所以整字语义通达得早。因此，在加工早期，熟悉性低的义符词形作用并不突出。熟悉性高的义符，激活阈限低，只需较少能量就能激活。所以，词汇加工中同时存在着部件和整字的加工，在加工早期存在着整字语义和义符词形的启动。在加工中期，部件词形的分析已经完成，义符的语义得到了激活，因此，此时义符的语义启动开始出现。而到加工晚期，由于部件分析已经完成，进入了汉字加工的整合阶段，因此义符的作用不再显著。

四、语言对认知方式的影响

语言与认知的关系是认知心理学的核心问题之一。随着语言认知比较研究的日益增加，越来越多的证据显示，人们的认知方式受使用语言特点的影响（张积家、刘丽虹、谭立海，2003）。张积家等人认为，语言影响认知主要表现在以下方面：①语言影响认知的方式。②语言影响认知的途径和过程。③语言影响认知的策略。不同语言有不同的词汇形式和语法结构，这会导致语言使用者在加工语言时使用不同的加工策略。④语言影响认知过程的难易。⑤语言影响人的认知结果。语言影响认知的方式主要有三种：①通过语言标记影响认知。语言标记的存在使某些认知途径、过程和策略更容易被选择。②通过范畴和原型影响认知。③通过参考框架、图形—背景、部分凸显等方式影响认知。本研究结果集中体现了语言影响认知方式、认知途径和过程、认知策略的思想。汉字义符的存在影响汉语被试加工字词的方式、词汇通达和语义提取的途径、加工汉字和汉语的策略。我们认为，汉字认知加工的特殊性在很大程度上是由义符和音符的存在决定的。义符是汉字重要的语法标记，这一标记不仅影响汉字词的范畴语义和特征语义的提取，也影响汉语动词动作器官和动作工具语义的提取，还影响汉字词语法类别语义的提取。由于中文动词和名词包含义符数量和特点不同，本研究还发现，义符熟悉性对中文名词识别的影响比动词大；义符还影响汉字词的词汇通达，在加工的早期和中期有不同的作用，这种作用受义符熟悉性的影响。因此，汉字义符不仅是词形的“块”，也是语义的“块”，还是语法的“块”。义符的这一特点对汉语使用者的语言认知方式具有深远影响，对汉语和汉字教学、对中文智能机的研制，都具有重要价值。汉语和汉字教学中应突出义符的作用，使学生掌握“见字知类”和“望文生义”的策略。中文智能机的研制也应该对义符给予充分的重视。这也是本研究的理论意义和实践价值所在。

五、本研究的贡献与不足

（一）本研究的贡献

（1）在第二章第一节中，采用语义决定范式，通过 4 个实验，探讨了义符在汉语动作动词意义认知中的作用。这一结果填补了义符研究的一个空白。这一结果显示，义符在语义提取中的作用不仅体现在对汉字词的范畴语义、特征语义的认知上，还体现在对汉语动作动词动作器官或动作意义认知上。这是本研究的第一个贡献。

（2）在第二章第二节中，采用词汇判断和命名任务，探讨了义符对身体动作动词的意义认知的作用，揭示了对不同身体动作动词认知时间的差异。

（3）在第三章中，通过 4 个实验，发现了义符具有通达词类信息的功能。义符有一定的句法倾向性，在汉语动词和名词分类中有重要作用。这一发现充分揭示了汉语和汉字的特殊性，开创了汉语义符功能研究的新领域。

（4）在第四章中，通过回归分析的方法，探讨了各个影响词汇加工的因素在动、名词加工中的作用。结果进一步支持了语言影响思维的理论。汉语中动词和名词既具有不同于拼音文字的特点，也具有所有语言的共性。反映在汉语动、名词的加工上就是，各种语言中影响动、名词加工的因素同样也对汉语动、名词的加工有影响，但各因素的作用模式又不同于其他语言，义符熟悉性对中文名词识别的影响比动词大。

（5）在第五章中，采用启动条件下的词汇决定任务揭示了义符在汉字高、低频启动词词汇通达中的作用和时间进程，揭示了义符熟悉性对汉字词认知的影响，揭示了汉字高、低频字加工过程中整字和义符加工的动态的相互作用，并最终建立了义符在汉字词汇通达中作用的模型。

上述成果不仅丰富了汉语词汇认知的理论，也丰富了汉语的理论，更新了人们对于义符的认识。对汉语和汉字教学以及中文智能机的研制都有重要参考价值。

（二）本研究的不足

本研究由于各种研究条件的局限，主要存在以下不足：

（1）在义符在汉语动词语义提取中的作用（第二章第二节）中，由于实验材料匹配困难，因此在义符与动作动词发出器官意义一致和不一致条件下的材料数量不完全匹配。这在一定程度上会影响条件之间的比较。

（2）受实验条件限制，本研究主要采取行为研究的方法和技术，未采用认知神经科学的研究范式。如果能结合行为和认知神经科学的研究范式，结果会更加完善。

六、展望

虽然语言学和认知心理学对于义符的研究已经取得了丰硕的成果：语言学研究多从质的角度和计算层面分析义符所承担的表意功能，侧重静态的分析；认知心理学研究多从义符对汉字认知加工的影响层面进行探索；本研究进一步发现，义符对中文动作动词的认知也有着重要影响，义符不仅是汉字结构的“块”、识别的“块”，还是语法的“块”，义符与整字之间存在动态的交互作用。但是，目前对汉字义符的研究还只是触及“冰山的一角”。义符毕竟是汉字形声字的二分之一，是汉字形声字的非常重要的“一半”，而形声字又是现代汉字的主体。因此，义符代表了汉字的“半壁江山”，它们集中了中华民族三千年的历史智慧。如果说义符研究已经取得了一定的成绩，那也是刚刚揭开了义符的神秘面纱，离认识它的“庐山真面目”尚存在着不少距离，义符研究还存在着许多悬而未决的问题（张积家、王娟、陈新葵，2014）。

（1）义符的产生对汉字发展的历史意义还有待于进一步揭示。义符产生是汉字发展史上的大事变。从义符产生的那一天起，汉字就开始告别了象形文字的窠臼，进入形声字蓬勃发展的阶段。传统观点认为，文字发展是从图画文字到形意文字，再到意音文字，意音文字继续发展，形象性逐步削弱，符号性逐渐加强，以至于义符取消，声符简化，演变成音节文字，再简化为音素字母，最终演变为字母文字（周有光，1998）。由于义符和声符的出现，形声字成为汉字的主体，汉字进入意音文字的发展阶段。义符和声符的结合使得以形声字为主体的汉字完全能够适应社会发展的需要，使汉字显示出强大的生命力。这在世界文字发展史上是一个奇迹，它动摇了人们对文字发展是从图画文字到形意文字到意音文字到音节文字再到字母文字的“规律”的信仰，也预示着文字的发展可以有不同的历史道路，质疑着拼音文字起源的已有结论。因为绝大多数的古形意文字已经死亡，包括古代西亚人使用的楔形文字（“钉头文字”）、古埃及人使用的圣书文字、拉丁美洲玛雅人创造的玛雅文字、中国殷商时期创造的甲骨文，仅有极少量的形意文字存活下来。例如，纳西族先民创造的东巴文就是世界上唯一还在使用的形意文字，是形意文字和意音文字之间的中间环节。在东巴文中，就已经出现了标示类别和字义的“义符”和标示字音的声符（周有光，1994）。迄今为止，人们尚未发现足够的从意音文字进化为拼音文字的证据。日文是二元文字体系，虽然包含着意音文字和拼音文字，但日文中的意音文字（汉字）属于借源的意音文字，而非自源的意音文字（周有光，1994）。一些原来使用意音文字的国家后来使用拼音文字，往往也不是由于文字自身进化所产生的，而是由于其他原因而产生的“突变”。例如，韩国文字中“谚文”（俗称韩文字母）是15世纪在李氏朝鲜王朝第四代君主世宗国王（1418—1450年在位）的倡导下，由一批学者创造的。在创造这些简单的音标之前，朝鲜人借用汉字来记录语言。越南人在历史上使用过汉字，10世纪以后，发明了字喃（喃字）——一种类似于汉字的方块字。从18世纪中叶起，法国殖民者侵占越南，推广拼音文字，废止了汉字。1945年越南独立后，拼音文字被定为法定文字——国语字。虽然就世界范围而言，文字拼音化是大趋势，形意文字向拼音文字转化是文字发展的基本走向，但是，在文字发展史上，文化发展程度高的意音文字（象形文字）母语国的文字，还没有自行转化为拼音文字的先例（刘桂英，2003）。陈宝亚（2002）指出，文字选择背后隐藏着一个民族在语言文化方面的重要信息，一个民族的特殊语言文化背景在很大程度上规定了自然文字的发生发展方向。从特定民族的语言文化背景来看，决定意音文字存在的民族语言文化条件有：①该意音文字所记录的方言很复杂；②用该意音文字所书写的古代文本很丰富；③该意音文字是原生的；④该意音文字所记录的是权威语言。汉字满足了上述条件，因此进入了一种超稳定的状态。因此，义符研究不仅关系到对文字发展规律的再认识，也关系到汉字的未来，即汉字最终能否发展成为拼音文字？汉字简化是否可以置汉字的规律而不顾，而一味地追求笔画的减少？类似于“听”（繁体字为“聽”，从耳，简体字从口）、“叶”（繁体字为“葉”，从草，简体字从口）之类的简化字是否具有合理性？近年来，网上有一段评论，说汉字简化以后，“親不见，愛无心，產不生，厰空空，麵无麦，運无车，導无道，兒无首，飛单翼，有雲无雨，開関无门，鄉里无郎，聖不能听也不能说，買成钩刀下有人头，輪成人下有匕首，進不是越来越佳而往井里走”。这段话虽然不能简单地理解为简体字一定不如繁体字，但这些字的简化不能不说是违背了汉字的结构规律和认知规律，也反映出汉字简化后对汉字审美意蕴的消解。

（2）义符基于形声字的存在而存在。义符承载的结构、语义和词类信息对汉字认知的影响已经分别获得了探讨。但是，义符所具备的多重信息的自动激活过程尚不清楚。比如，义符既有类别义，又有联想义，又有语法义，这些不同语义的激活过程和激活顺序如何？目前还不得而知。了解义符所承载的各种信息的自动激活过程和加工顺序能够为揭示汉字认知加工的过程和特点提供更多的证据。

（3）义符表意具有层次性。在既往研究中，对义符表意性的考察多保留在类别层面，对义符义与整字义处于不同层次的汉字，其加工过程有无差异，还不清楚。例如，根据向多林（1987）对形符表意功能的分类，现有研究主要关注标类形符的作用，对相关形符、比况形符和标义形符在汉字认知中的作用很少有探讨。根据李国英（1996b）对义符示意的三种类型的划分，现有研究主要关注类别性义符在汉字认知中的作用，对标记性义符有所涉及，对词法同义性义符则缺乏探讨。根据王贵元（2005）对义符表义类型的11种分类，现有研究只是对种属关系类型进行了深入探讨，对物体与所用材料的关系，人、物与动作的关系，动作与其所用材料的关系3种类型有所涉及，而对同义关系，整体与部分的关系，动作与动作对象的关系，人、物与其状态的关系，状态与表示物的关系，状态与处所的关系，动作与处所的关系7种类型缺乏探讨。详尽地探讨不同表义类型的义符对汉字认知加工的影响，揭示不同表义类型的义符发挥作用的机制，有利于义符参与汉字加工模型的构建。

（4）对义符的一致性还缺乏深入的探讨。义符具有多重一致性：①类别一致性。有的义符在表示类别方面比较一致，如“鼠”，凡有此义符的汉字皆与鼠科动物有关；有的义符在表示类别方面不一致，如“女”，有“婿”、“娃”、“婴”、“奴”、“妖”、“嬖”（受宠爱的人）、“孥”（妻子和儿女）等。之所以如此，与义符类型有明显关系。例如，在“婿”、“娃”与“婴”中，义符“女”只是表明与女性有关；在“奴”、“妖”中，义符“女”只是说明在中国古代社会中存在强烈的“男尊女卑”的性别歧视；在“嬖”、“孥”中，义符“女”显示了古代男性对女性的偏爱与保护意识。义符的类别一致性与义符的家族大小之间有无关系，也值得研究。一般说来，义符的家族越大，义符表义的类型就越复杂；义符的家族越小，义符表义的类型自然就越简单，但也存在着例外。无论如何，义符的类别一致性及其对汉字认知的影响值得认真考察。②词类一致性。有些义符在表示词类方面比较一致，如“木”、“钅”多表示名词，“扌”、“刂”多表示动词。不同的义符具有不同的句法倾向性，有的倾向于表示名词，有的倾向于表示动词，还有的倾向于表示名词、动词和形容词等多种词类。张积家等（2006）提出了义符的“句法范畴倾向”的概念。这一概念反映了义符的词类一致性。句法范畴倾向性高的义符，词类一致性亦高；句法范畴倾向性低的义符，词类一致性亦低。义符的词类一致性对汉字认知的影响也值得探讨。③位置一致性。义符部件具有多变的空间位置，可以置于字符的左、右、上、下、中、内和外部。处于不同位置的部件的认知加工时间不同，表现出部件认知的“位置效应”。有的义符在构成汉字时位置比较一致，如“犭”、“牜”；有的义符在构成汉字时位置不一致，如“木”，既可以置于形声字的左边，又可以置于形声字的右边、上边和下边。这种位置一致性是否影响对形声字的认知加工？④词形一致性。义符在形体上存在多种形式，包括成字义符（如“女”、“木”）和非成字义符（如“艹”、“宀”），成字义符能够独立地体现构意，非成字义符要依附于其他构件来体现构意。一些义符有成字与非成字两种形式，如“手”与“扌”、“刀”与“刂”、“心”与“忄”、“水”与“氵”、“礻”与“示”、“衤”与“衣”、“讠”与“言”、“饣”与“食”等等。不同形体的义符在汉字认知中的作用是否相同？成字义符与非成字义符相比，在汉字认知中的作用是否存在差异？义符的位置一致性与词形一致性具有明显的关系。一般说来，成字义符的位置比较灵活，非成字义符的位置比较固定。成字义符多见于左右结构、上下结构和包围结构的形声字中，它们均位于整字的左部、下部或内部；非成字义符多见于左右结构和上下结构的形声字中。

（5）对义符的表义度对形声字认知的影响，目前还较少有研究。在语言学界，对义符表义度已经有了一些初步的研究结果，但也存在争议。例如，文武（1987）将义符（形旁）的表义度定义为义符（形旁）预示整字义的能力，即形旁义与整字义的联系程度；费锦昌和孙曼均（1988）将义符（形旁）的表义度定义为义符（形旁）义跟整字义相符或相关程度。不同的学者对义符的表义度有不同的研究结果，义符的整体表义度被确定在 0.40 ~ 0.83 之间（文武，1987；施正宇，1994；邵敬敏，2001）。然而，在心理层面，不同义符的表义度究竟如何？还有待于实证方面的研究。进一步，具有不同表义度的义符在形声字认知加工中作用如何，也值得深入研究。

（6）在认知心理学中，义符研究的范式、方法与手段也亟须创新。从研究范式看，现有的义符研究大多采用整字启动范式和整字语义决定范式，基本假设是阅读者在加工整字时会将义符作为一个加工单元，因而对形声字认知产生影响。整字启动范式难以排除启动字的整字义对目标字加工的影响，因此很难说是纯粹的义符启动；整字语义决定范式也难以分离义符义和整字义在语义决定中的作用。如果采用部件启动范式，如先呈现“女”或“女”，间隔不同时间再补全形声字，这样做不仅可以提供义符的语义信息，还可以提供义符的位置信息，利用此范式可以研究义符的家族效应、一致性效应，还可以考察义符具有各种信息的激活过程和激活顺序，对义符影响汉字加工的认知会进一步深入。现有的义符研究主要采用行为研究的方法和技术，如果能够结合认知神经科学的技术（如脑电和脑成像的技术）和眼动的技术进行研究，揭示义符影响汉字加工的认知神经机制，对义符作用的考察就更为直接。

（7）义符的产生与义符在汉字词认知中的作用与汉民族思维方式的关系还有待于进一步揭示。在拼音文字的词形结构中，只存在着少量的标语义的语素，如标明否定意义的语素“a-”、“dis-”、“in-”、“il-”、“im-”、“non-”、“un-”等，标明数量的语素“bi-”、“tri-”等；而在汉字词的词形结构中，具有标明语义的义符是一大特色。根据语言与认知相互影响的观点，应当探讨：究竟是汉民族的何种思维方式导致了义符的出现并进而导致了形声字的产生？形声字的使用又对汉字使用者的思维方式产生了哪些影响？这也是很有希望的研究方向。

总之，义符研究还存在着诸多尚未解决的问题。开展义符研究，深化对汉字认知过程的理解，是汉字研究者和汉字认知研究者今后需要致力解决的问题。

附　录

附录 1　义符在动作动词意义认知中的作用

义符与动作动词的动作器官一致（20 个）：
挂　喊　跨　眨　挥　睁　咽　吼　抚　吸
按　跳　躲　爬　吻　逃　接　眯　迈　看
有义符标志，但与实际使用器官不一致（10 个）：
脱　嗅　听　扛　逗　担　闻　饮　逮　聊
无义符或者有义符也与动作器官无关（10 个）：
卧　采　牵　站　寻　端　尝　顶　举　念

义符与动作动词的动作工具一致（20 个）：
缠　炒　刺　堵　涤　割　划　剪　浸　烤
刻　埋　骑　切　涂　洗　削　涌　游　注
义符与动作动词动作工具不一致或无工具标记（20 个）：
毙　抄　雕　吊　画　歼　砍　捆　描　碰
扫　杀　射　刷　算　系　写　演　宰　斩

附录2　身体动词的特异性加工

由眼完成的动作（不一致、5个）：
察　见　观　阅　望
由口完成的动作（不一致、5个）：
饮　劝　尝　念　亲
由手完成的动作（不一致、5个）：
偷　传　牵　丢　举
由脚完成的动作（不一致、5个）：
行　登　归　走　奔

由眼完成的动作（一致、10个）：
瞥　瞅　眨　盯　眯　眠　睁　睡　看　瞄
由口完成的动作（一致、10个）：
喝　啃　咽　咳　啼　喂　咬　咧　喊　啄
由手完成的动作（一致、10个）：
揪　拧　摸　捏　提　捉　捧　卧　推　接
由脚完成的动作（一致、10个）：
跑　跨　跺　跛　跌　趴　跪　踏　跃　跳

附录3 义符句法性的研究

实验1

义符与词类一致的动词（20个）：

捧 捉 挺 折 跪 跨 踏 跳 吵 吹 哭 吐 割 刮 削 划
睡 睁 眨 盯

无义符标记的动词（20个）：

舀 穿 牵 举 奔 登 离 窜 逗 审 尝 饮 射 宰 杀 凿
阅 寻 窥 察

义符与词类相反的名词（20个）：

势 技 哲 拇 趾 蹄 踪 踝 舌 兄 哥 叶 剑 荆 刑 箭
睛 眸 眉 眶

义符与词类一致的名词（20个）：

泥 汁 洞 汽 镣 银 钢 铜 棚 桨 案 棉 矿 岩 砖 碗
寺 坪 堂 坟

无义符标记的名词（20个）：

粥 田 雪 雨 盾 盆 釜 金 阁 帚 窗 屉 岛 岸 井 罐
冢 陆 邑 丘

义符与词类相反的动词（20个）：

洗 浮 注 游 铸 钓 镀 铡 析 染 查 呆 砍 碰 破 砸
封 垮 埋 坠

实验2

高频、义符与词类一致的动词（10个）：

抓 拉 跑 跳 吸 呼 削 划 睡 盼

低频、义符与词类一致的动词（10个）：

扶 扔 跪 踩 吮 咳 剁 剃 眨 盯

高频、无义符标记动词（10个）：

买 穿 追 爬 读 念 杀 射 观 察

低频、无义符标记动词（10个）：

舀 甩 窜 迈 斥 饮 凿 宰 窥 阅

高频、义符与词类一致名词（10个）：

洞 汽 钢 钱 案 板 矿 础 城 屋
低频、义符与词类一致名词（10 个）：
汁 铅 钞 浆 栏 砖 硅 寺 坟 滩
高频、无义符标记名词（10 个）：
血 雪 金 盾 窗 户 岸 岛 陆 原
低频、无义符标记名词（10 个）：
泉 粥 釜 壶 帚 阁 窑 缸 丘 邑

实验 3
高具、义符与词类一致动词（10 个）：
搂 捉 趴 跃 骂 喝 削 割 睁 盼
低具、义符与词类一致动词（10 个）：
拢 执 蹿 踹 启 呼 剐 划 眯 盯
高具、无义符标记动词（10 个）：
舀 递 窜 追 饮 读 杀 凿 窥 哭
低具、无义符标记动词（10 个）：
选 端 迈 逮 讨 劝 斩 毙 察 寐
高具、义符与词类一致名词（10 个）：
汁 滩 锅 银 桨 林 岩 碗 坟 街
低具、义符与词类一致名词（10 个）：
源 汉 钠 钞 案 格 硅 磁 堂 坪
高具、无义符标记名词（10 个）：
雪 田 盾 壶 户 凳 罐 缸 穴 丘
低具、无义符标记名词（10 个）：
龙 瑚 盔 宝 阁 座 岛 岸 陵 邑

实验 4（略）（见正文材料示例表）

附录4 影响汉语动词、名词识别的因素研究

名词材料（72 个）：

船	窗	床	葱	灯	店	碟	盾	板	鹅	饭
肝	缸	钢	罐	锅	国	宝	海	货	鸡	家
剑	脚	鞭	街	姐	酒	筷	框	蜡	狼	浪
粮	冰	楼	路	猫	帽	梅	煤	棉	泥	袍
饼	盆	瓢	旗	桥	拳	神	屎	豺	塔	屋
仙	线	箱	鞋	熊	鸭	盐	眼	妖	叶	夜
影	园	帐	城	纸	砖					

动词材料（72 个）：

踏	跳	跃	喊	咳	啃	喝	啼	喂	咽	咬	啄
接	揪	摸	捏	拧	捧	提	推	握	捉	瞅	盯
看	眯	眠	瞄	睡	眨	睁	尝	饮	传	偷	阅
缠	闯	到	雕	逗	躲	堕	赶	割	躬	淋	拿
爬	骑	切	摄	守	舔	脱	吻	嗅	压	宰	揍
游	洗	展	削	写	跛	跌	跺	跪	跨	趴	跑

附录5 高频义符在中文词汇通达中的作用研究

R+S+、义符频率低（12对）：
采—觅 紧—累 短—矮 鞋—靴 断—斩 放—赦
圆—圈 孙—孩 战—戮 欢—欣 形—影 罪—罚

R+S+、义符频率高（12对）：
堆—垛 浮—漂 府—庄 划—割 凉—冷 流—泻
瞧—瞪 室—寓 逃—遁 想—虑 优—佳 远—遥

R+S-、义符频率低（12对）：
冬—备 段—殴 欢—歇 教—敏 解—触 乱—舐
难—雏 盘—监 缺—缸 站—竣 装—袭 罪—罩

R+S-、义符频率高（12对）：
测—沏 错—钢 答—筐 法—渗 级—纺 铺—锄
始—妇 统—绳 沿—浴 演—泳 验—骑 移—秧

R-S+、义符频率低（12对）：
装—盛 段—截 断—裂 欢—悦 教—授 解—拆
孔—洞 乱—混 受—享 知—晓 察—览 罪—刑

R-S+、义符频率高（12对）：
摆—陈 插—刺 赶—追 喝—饮 论—述 跑—骋
碰—抵 钱—款 伸—探 胸—怀 移—搬 种—耕

R-S-、义符频率低（12对）：
乱—郎 段—破 断—筹 解—残 孔—炮 察—像
缺—梅 受—玩 所—锋 晚—貌 装—扔 罪—倦

R-S-、义符频率高（12对）：
补—跛 喊—骸 济—妮 落—防 找—矿 妈—版
钱—梢 情—匣 跳—盆 统—殓 维—视 削—豹

附录6 低频义符在中文词汇通达中的作用研究

R+S+、义符频率低（12对）：

牌—版 觅—采 骼—骸 匾—匣 醉—酣 欣—欢

盅—盆 靴—鞋 豹—豺 殉—殓 毁—殴 耙—耥

R+S+、义符频率高（12对）：

烘—焙 棒—杆 睨—瞟 寓—宅 驹—驴 瞅—瞄

绳—线 吼—哮 抹—搽 踢—踹 帜—帆 溪—涧

R+S-、义符频率低（12对）：

舔—乱 敞—敏 龄—龋 欺—歇 匾—匪 竭—竣

盗—盘 殊—殒 毅—殿 幼—幻 袭—裂 酬—醒

R+S-、义符频率高（12对）：

荐—草 钙—铲 碌—码 驳—驼 秒—稻 猜—猎

骗—骑 稽—秧 董—苞 诸—词 妨—嫁 摄—拎

R-S+、义符频率低（12对）：

豹—狮 欺—侮 毁—消 雕—镌 斜—侧 耙—锄

戳—刺 缸—坛 辞—赋 盗—窃 歼—伤 欣—悦

R-S+、义符频率高（12对）：

绊—挡 砸—敲 牧—饲 婢—佣 聪—慧 脖—颈

烦—忧 添—增 剁—砍 佳—妙 徙—移 秽—脏

R-S-、义符频率低（12对）：

醉—鲠 叛—绞 靶—评 殉—撒 栗—超 酥—坪

戕—舐 罐—挣 屉—悖 殃—睹 释—墟 牌—阳

R-S-、义符频率高（12对）：

挽—驰 搬—煤 胶—抿 悻—跳 嗔—惨 诋—肤

睬—拘 缤—猿 络—岭 驶—拼 蛟—甜 漠—偎

参考文献

1. 北京语言学院语言教学研究所编．现代汉语频率词典．北京：北京语言学院出版社，1986.
2. 陈宝国，彭聃龄．汉字识别中的形音义激活时间进程的研究（Ⅰ）．心理学报，2001，33（1）：1～6.
3. 陈宝国，彭聃龄．词的具体性对词汇识别的影响．心理学报，1998，30（4）：387～393.
4. 陈宝国，王立新，彭聃龄．汉字识别中形音义激活时间进程的研究（Ⅱ）．心理学报，2003，35（5）：576～581.
5. 陈宝国，尤文平，周会霞．汉语词汇习得的年龄效应：语义假设的证据．心理学报，2007，39（1）：9～17.
6. 陈宝亚．意音文字存在的民族语言文化条件．思想战线，2002，28（1）：110～114.
7. 陈传锋，黄希庭．结构对称性汉字视觉识别特定的实验研究．心理学报，1999，31（2）：154～161.
8. 陈枫．论汉字义符与物类的关系．陕西师范大学学报，2003，32（6）：45～49.
9. 党怀兴．重新审视声符．陕西师范大学学报（哲学社会科学版），2007（6），122～126.
10. 丁秀菊．汉字部首表义功能的弱化．山东大学学报（哲学社会科学版），2004（6），42～46.
11. 费锦昌，孙曼均．形声字形符表义度浅析．中国社会科学院、语言文字应用研究所．汉字问题学术讨论会论文集．北京：语文出版社，1988.
12. 金花，刘鹤龄，杨娅玲，莫雷．语义知识神经表征的 fMRI 研究：通道特异性或类别特异性．心理学报，2005，37（2）：159～166.
13. 金志成，李广平．在汉字视觉识别中字形和字音的作用的实验研究．心理科学，1995，18（3）：129～133.

14. 高兵，高峰强．汉语字词识别中词频和语义透明度的交互作用．心理科学，2005，28（6）：1358～1360.
15. 高定国，钟毅平，曾丽娟．字频影响常用汉字认知速度的实验研究．心理科学，1995，18（4）：225～229.
16. 管益杰，方富熹．我国汉字识别研究的新进展．心理学动态，2000，8（2）：1～6.
17. 桂诗春．新编心理语言学．上海：上海外语教育出版社，2000.
18. 郭小朝．汉字识别早期知觉过程中的整体优先效应．心理科学，2000，3（5）：576～580.
19. 韩布新．汉字识别中部件组合的频率效应．心理学报，1996，28（3）：232～237.
20. 黄健辉，陈煊之．中文阅读中的部件加工：错觉性结合实验的证据．心理科学，1999，22（3），213～217.
21. 李国英．小篆形声字研究．北京：北京师范大学出版社，1996a.
22. 李国英．论汉字形声字的义符系统．中国社会科学，1996b（1）：187～193.
23. 黎红，陈煊之．汉字识别中的部件加工：错觉性结合实验的证据．第八届全国心理学学术会议文摘选集，1997. 157～158.
24. 李蕊．对外汉语教学中的形声字表义状况分析．语言文字应用，2005（2）：104～109.
25. 李燕，康加深．现代汉语形声字声符研究．陈原主编．现代汉语用字信息分析．上海：上海教育出版社，1993.
26. 刘桂英．从汉字文化圈看拼音文字的形成和演变．燕山大学学报（哲学社会科学版），2003，4（3）：59～62.
27. 刘燕妮，舒华，轩月．汉字识别中形旁亚词汇加工的发展研究．应用心理学，2002，8（6）：3～7.
28. 潘自由．汉字部首浅析．赤峰：内蒙古科学技术出版社，1997.
29. 彭聃龄，谭力海．语言心理学．北京：北京师范大学出版社，1991.
30. 彭聃龄，王春茂．汉字加工的基本单元：来自笔画数效应和部件效应的研究．心理学报，1997，29（1）：8～15.
31. 濮茅左．上海博物馆藏甲骨文字．上海：上海辞书出版社，2009.
32. 邵敬敏．现代汉语通论．上海：上海教育出版社，2001.
33. 佘贤君，张必隐．形声字心理词典中义符和音符线索的作用．心理科学，1997，20（2）：142～145.
34. 沈模卫，李忠平，朱祖详．部件启动对合体字字形识别的影响．心理科学，1997，20（3）：206～210.
35. 沈模卫，朱祖祥．整体汉字字形识别过程探索．应用心理学，1995，1（2）：43～48.
36. 施正宇．现代汉语形声字形符表义功能测查报告．北京师范大学学报，1992（增刊）.
37. 施正宇．现代汉语形声字义符表义功能分析．语言文字应用，1992（4）.
38. 施正宇．现代形声字形符意义的分析．语言教学与研究，1994（3）：83～104.
39. 苏振华．“右文说”浅论．钦州学院学报，2009（1）：102～105.
40. 唐兰．古文字学导论．济南：齐鲁书社，1934.
41. 王贵元．现代字形三论．语言文字应用，2005，5（2）：29～33.
42. 王力．古代汉语上册（第一分册）．北京：中华书局，1981.
43. 王宁．汉字学概要．北京：北京师范大学出版社，2001.
44. 文武．关于汉字评价的几个基本问题．语文建设，1987（2）.
45. 向多林．形声字四大形符分类试说．玉溪师范学院学报，1987（2）：44～47.
46. 肖崇好，黄希庭．汉字独体字识别中的框架结构效应．心理科学，1998，21（3）：221～225.
47. 喻柏林，曹河圻．汉字识别中的笔画数效应新探兼论字频效应．心理学报，1992，24（2）：120～126.
48. 喻柏林，冯玲等．汉字的视知觉——知觉任务效应和汉字的属性效应．心理学报，1990，22（2）：141～147.
49. 喻柏林，冯玲，曹河圻，李文玲．汉字形码和音码的整体性对部件识别的影响．心理学报，1990（3）：232～239.
50. 喻柏林，冯玲，曹河圻，李文玲．汉字和人工“字”部件识别的比较研究．心理科学，1991（5）：1～5.
51. 张必隐．阅读心理学．北京：北京师范大学出版社，1992.
52. 张积家，刘丽虹，谭力海．语言关联性假设研究进展：新的证据和看法．语言科学，2003，4（3）：42～56.
53. 张积家，彭聃龄．汉字词特征语义提取的实验研究．心理学报，1993，25（2）：140～147.
54. 张积家，彭聃龄，张厚粲．分类过程中汉字的语义提取（Ⅱ）．心理学报，1991，23（2）：139～144.
55. 张积家，张厚粲，彭聃龄．分类过程中汉字的语义提取（Ⅰ）．心理学报，1990，22（4）：397～405.
56. 张积家，王娟，陈新葵．义符研究20年：理论探讨、实验证据和加工模型．心理科学进展，2014，22（3）：381～399.
57. 张钦，丁锦红，郭春彦，王争艳．名词与动词加工的ERP差异．心理学报，2003，35（6）：753～760.
58. 张翔．现代汉字形声字义符表义功能类型研究．青海师范大学学报（哲学社会科学版），2010（1）：132～136.
59. 赵诚．甲骨文字学纲要．北京：商务印书馆，1993.
60. 郑昭明，吴淑杰．文字刺激的餍足与解体．In H. W. Chang, J. T. Huang, C. W. Hue and Ovid J. L. Tzeng. *Advances in the Study of Chinese Language Processing*. Department of Psychology, Taiwan University, 1994.
61. 周晓林．语义激活中语音的有限作用．彭聃玲主编．汉语认知研究．济南：山东教育出版社，1997. 159～184.
62. 周晓林，鲁学明，舒华．亚词汇水平加工的本质：形旁的语音激活．心理学报，2000，32（1）：20～24.
63. 周晓林，武宁宁，舒华．语音与语义激活的相对时间进程：来自儿童发展的证据．心理科学，1998，21（6）：498～501.
64. 周新林，曾捷英．汉字早期字形加工中的部件数效应．心理学报，2003（4）：514～519.
65. 周有光．周有光语言学论文集．北京：商务印书馆，2005.
66. 左民安，王尽忠．细说汉字部首．北京：九州出版社，2005.
67. Andrews, S. Frequency and neighborhood effects on lexical access: Activation or search? *Journal of Experimental Psychology: Learning, Memory, and Cognition*, 1989, 15: 802－814.
68. Au, T. K., Dapretto, M., & Song, Y. Input vs. constrains: Early word acquisition in Korean and English. *Journal of Child Language*, 1994, 33: 567－582.
69. Becker, C. Semantic context and word frequency effects in word recognition. *Journal of Experimental Psychology: Human Perception and Performance*, 1979, 5: 252－259.
70. Bentin, S., & Frost, R. Morphological factors in visual word identification in Hebrew. In Feldman L. B. *Morphological Aspects of Language Processing*. Hillsdale, Nj: Erlbaum, 1995, pp. 271－292.
71. Bird, H, Howard, D, & Franklin, S. Why is a verb like an inanimate ob-

ject? Grammatical category and semantic category deficits. *Brain and Language*, 2000, 72 (3): 246 - 309.

72. Balota, D. A., & Chumbley, J. I. Are lexical decisions a good measure of lexical access? The role of word frequency in the neglected decision stage. *Journal of Experimental Psychology: Human Perception and Performance*, 1984, 10: 340 - 357.

73. Brysbaert, M., Lange M. & van Wijnendaeke. The effects of age-of-acquisition and frequency-of-occurrence in visual word recognition: Further evidence from the Dutch language. *European Journal of Cognitive Psychology*, 2000, 12: 65 - 85.

74. Butterworth, B. Lexical representation. In Butterworth. *Language Production*. San Diego, CA: Academic Press, 1983, pp. 257 - 294.

75. Caramazza, A., Laudanna A. & Romani C. Lexical access and inflectional morphology. *Cognition*, 1988, 28: 287 - 332.

76. Caramazza, A., & Shelton, J. R. Domain specific knowledge systems in the brain: The animate inanimate distinction. *Journal of Cognitive Neuroscience*, 1998, 10: 1 - 34.

77. Carroll, D., 桂诗春, 董燕萍导读. 语言心理学. 北京: 外语教学与研究出版社, 2000.

78. Chen, H. C. Component detection in reading Chinese charecters. In Henry S. R. Kao & Rumjahn Hoosain (Ed). *Linguistics, Psychology, and the Chinese Language*. Hong Kong: Hong Kong University Press, 1986.

79. Cheng, C. M. Perception of Chinese characters. *Chinese Journal of Psychology*, 1981, 23: 137 - 153.

80. Chiarello, C., & Liu, S. Differential asymmetries for recognizing nouns and verbs: Where are they? *Neuropsychology*, 2002, 16 (1): 35 - 48.

81. Collins, A. M., & Quillian, M. R. Retrieval time from semantic memory. *Journal of Verbal Learning and Verbal Behavior*, 1969 (8): 240 - 247.

82. Collins, A. M., & Quillian, M. R. Facilitating retrieval from semantic memory: The effect of repeating part of an inference. *Acta Psychologia*. 1970 (33): 304 - 314.

83. Collins, A. M., & Loftus E. F. A spreading activation theory of semantic processing. *Psychological Review*, 1974, 82: 407 - 428.

84. Colombo, L., & Burani, C. The influence of age of acquisition, root fre-

quency, and context availability in processing nouns and verbs. *Brain and Language*, 2002, 81 (1 - 3): 398 - 411.

85. Deutsch, A., Frost, R., & Forster, K. I. Verbs and nouns are organized and accessed differently in the mental lexicon: Evidence from Hebrew. *Journal of Experimental Psychology: Learning, Memory and Cognition*, 1998, 24 (5): 1238 - 1255.

86. Druks, J. Verbs and nouns—A review of the literature. *Journal of Neurolinguistics*, 2002, 15: 289 - 315.

87. Emre, O., & Davies, I. R. L. Acquisition of categorical color perception: A perceptual learning approach to the linguistic relativity hypothesis. *Journal of Experimental Psychology: General*, 2002, 131 (4): 477 - 493.

88. Fan, K. Y., Gao J. Y., & Ao, X. P. Pronunciation principles of the Chinese character and alphabetic writing scripts. *Chinese Character Reform*, 1984, 3: 23 - 27.

89. Fang, S. P., Horng, R. Y., & Tzeng, O. J. L. Consistency effects in the Chinese character and pseudo - character naming tests. In H. S. R. Kao & R. Hoosain (Eds.). *Linguistics, Psychology and the Chinese Language*, Hong Kong: Hong Kong University Press, 1986, pp. 11 - 21.

90. Farah, M. J., & Wallace, M. A. Semantically bounded anomia: Implications for the neural implementation of naming. *Neuropsychologia*, 1992, 30: 609 - 621.

91. Federmeier, K. D., Segal, J. B. Brain responses to nouns, verbs and class—Ambiguous words in context. *Brain*, 2002, 123: 2552 - 2566.

92. Feldman, L. B. Beyond orthography and phonology: Difference between inflection and derivations. *Journal of Memory and Cognition*, 1995, 21: 947 - 960.

93. Feldman, L. B. *Morphological Aspects of Language Processing*. Hillsdale, Nj: Erlbaum, 1995, pp. 345 - 364.

94. Feldman, L. B., Andjelkovic, D. Morphological analysis in word recognition. In Katz, L. & Frost, R., *Orthography, Phonology, Morphology, and Meaning: An Overview*. Amsterdam: Elsevier, 1992, pp. 343 - 360.

95. Feldman, L. B., Bentin, S. Morphological analysis of disrupted morphemes: Evidence from Hebrew. *Quarterly Journal of Experimental Psychology*, 1994, 47A: 407 - 435.

96. Feldman, L. B., Siok, W. T. The role of component function in visual recognition of Chinese characters. *Journal of Experimental Psychology: Learning, Memory, and Cognition*, 1997, 23 (3): 776 - 781.

97. Feldman, L. B., Siok, W. T. Semantic radicals contribute to the visual identification of Chinese characters. *Journal of Memory and Language*, 1999a, 40: 559 - 576.

98. Feldman, L. B., Siok, W. T. Semantic radicals in phonetic compounds: Implications for visual character recognition in Chinese. In J. Wang, A. W. Inhoff, & H. C. Chen (Eds.), *Reading Chinese Script.* Mahwah, NJ: Erlbaum, 1999b, pp. 19 - 35.

99. Forster, K., Chambers, S. Lexical access and naming time. *Journal of Verbal Learning and Verbal Behavior*, 1973 (12): 627 - 635.

100. Forster, K. R. Computational modeling and elementary process analysis in visual word recognition. *Journal of Experimental Psychology: Human Perception & Performance*, 1994, 20 (6): 1292 - 1310.

101. Fuster, J. M. *Memory in the Cerebral Cortex: An Empirical Approach to Neural Networks in the Human and Nonhuman Primate.* Cambridge, MA: MIT Press, 1995.

102. Garamazza, A., Hills, A. E. Lexical organization of verbs and nouns. *Nature*, 1991, 349: 788 - 790.

103. Gentner, D. Why nouns are learned before verbs: Linguistic relativity versus natural partitioning. In S. Kuczaj. *Language Development* (Vol. 2). Hillsdale, NJ: Erlbaum, 1982, pp. 301 - 334.

104. Goldfield, B. A. Nouns before verbs in comprehension vs. production: The view from pragmatics. *Journal of Child Language*, 2000, 27: 501 - 520.

105. Gopnik, A. Development of non-nominal expressions in 1-to 2-year-olds. In P. Dale & D. Ingram. *Chill language: An international perspective*. Baltimore: Park University Press, 1981, pp. 238 - 259.

106. Grossman, M., Koeing, P., Devita et al. Neural basis for verb processing in Alzheimer's disease: An fMRI study. *Neuropsychology*, 2003, 17 (4): 658 - 674.

107. Hart, J., Berndt, R., & Caramazza, A. Category specific naming deficit following cerebral in farction. *Nature*, 1985, 316: 439 - 440.

108. Hart, J., & Gordon, B. Neural subsystems for object knowledge. *Nature*,

1992, 359: 60 - 64.

109. Hauk, O., Johnsrude, I., Pulvermüller, F. Somatotopic representation of action words in human motor and premotor cortex. *Neuron*, 2004, 41: 301 - 307.

110. Hauk, O., Pulvermüller, F. Neurophysiological distribution of action words in fronto-central cortex. *Human Brain Mapping*, 2004, 21 (3): 191 - 201.

111. Hank, O., Pulvermüller, F. Effects of word length and frequency on the human ERP. *Clinical Neurophysiology*, 2004, 115 (5): 1090 - 1103.

112. He, S. Q., Dun, R. P., & Strick, P. L. Topograhic organization of corticospinal projections from the frontal lobe: Motor areas on the lateral surface of the hemisphere. *Journal of Neuroscience*, 1993, 13: 952 - 980.

113. Henderson, L. Toward a psychology of morphemes. In Ellis, A. W. *Progress in the Psychology of Language*, 1985, pp. 15 - 72.

114. Hoff - Ginsberg, E. Object labels in early lexicons. Paper presented at the 60th biennial meeting of the Society for Research in Child Development, 1993.

115. Humphreys, G. W., Forde, E. M. E. Hierarchies, similarity, and interactivity in object recognition: Category-specific neuropsychological deficits. *Behavioral Brain Science*, 2001, 24: 453 - 509.

116. Jessen. F., Heun, R. et al. The concreteness effect: Evidence for dual coding and context availability. *Brain and Language*, 2000, 74: 103 - 112.

117. Kahneman, D., Tversky, A. Subjective probability: A judgement of representativeness. *Cognitive Psychology*, 1972, 3: 430 - 454.

118. Kersten, A. W. A division of labor between nouns and verbs. *Journal of Experimental Psychology: General*, 1998, 127 (1): 34 - 54.

119. Kiefer, M. Perceptual and semantic sources of category-specific effects: Event-related potentials during picture and word categorization. *Memory Cognition*, 2001, 29 (1): 100 - 116.

120. Laudanna, A., Burani, C. Distributional properties of derivational affixes: Implications for processing. In Feldman, L. B. (Ed.) *Morphological Aspects of Language Processing*. Hillsdale, NJ: Erlbaum, 1995, pp. 345 - 364.

121. Levey, S., & Cruz, D. The first words produced by children in bilingual English/Mandarin Chinese environments. *Communication Disorders Quarterly*, 2003, 24 (3): 129 - 136.

122. Levinson, S. C. Returning the tables: Language affects spatial reasoning. *Cognition*, 2002, 84: 155 - 188.
123. Li, Y., & Kang, J. S. Analysis of phonetics of the ideophonetic characters in modern Chinese. In Y. Chen (Ed.). *Information Analysis of Usage of Characters in Modern Chinese*. Shanghai: Shanghai Education Press, 1993, pp. 84 - 98.
124. Mandler, J. M. How to build a baby? Ⅱ Conceptual primitives. *Psychological Review*, 1992, 99 (4): 587 - 604.
125. Markman, A. B., & Wisniewski, E. J. Similar and different: The differentiation of basic level categories. *Journal of Experimental Psychology: Learning, Memory, and Cognition*, 1997, 23 (1): 54 - 70.
126. Marslen - Wilson, W. Functional parallelism in spoken word recognition. *Cognition*, 1987, 25: 71 - 102.
127. Marslen - Wilson, W. Activation, Competition, and frequency in lexical access. In Altman G. *Cognitive Models of Speech Processing: Psycholinguistic and Computational Perspectives*. Cambridge, MS: MIT Press, 1990.
128. Martin, A., Wiggs, C. L., Ungerleider, L. G., & Haxby. J. V. Neural correlates of category-specific knowledge. *Nature*, 1996, 379: 649 - 652.
129. McClelland, J. L., & Rumelhart, D. E. *Explorations in Parallel Distributed Processing: A Handbook of Models, Programes, and Exercises*. Cambridge, MA: MIT Press, 1988.
130. McDonald, S. A., & Shillcock, R. C. Rethinking the word frequency effect: The neglected role of distributional information in lexical Processing. *Language and Speech*, 2001, 44 (3): 295 - 323.
131. Miceli, G., Silveri, M. C. & Laudanna, A. Reading mechanisms and the organization of the lexicon: Evidence from acquired dyslexia. *Cognitive Neuropsychology*, 1985, 2: 81 - 114.
132. Miller, G. *The Science of Words*. New York: W. H. Freeman & Company, 1991.
133. Morton, J. Interaction of information in word recognition. *Psychological Review*, 1969, 76: 165 - 178.
134. Morton, J., Sasanuma, S., Patterson, K. & Sakuma, N. The organization of the lexicon in Japanese: Single and compound kanji. *British Journal of Psychology*, 1992, 83: 517 - 531.

135. Moseley, R., Carota, F., Hauk, O., Mohr, B., & Pulvermüller, F. A role for the motor system in binding abstract emotional meaning. *Cerebral Cortex*, 2012, 22 (7): 1634 - 1647.

136. Nelson, K. Structure and strategy in learning to talk. *Mono - graph of the Society for Research in Child Development*, 1973, 38 (1 - 2): 149.

137. Nieto, A., Santacruz, R., Hernandez, S., Camacho - Rosales, J., & Barroso, J. Hemispheric asymmetry in lexical decisions: The effects of grammatical class and imageability. *Brain and Language*, 1999, 70 (3): 421 - 436.

138. Osgood, C. E., & Hoosain R. Salience of the word as a unit in the perception of language. *Perception and Psychophysics*, 1974, 15: 168 - 192.

139. Paivio, A. Concrete image and verbal memory codes. *Journal of Experimental Psychology*, 1969, 80: 279 - 285.

140. Perani, D., & Cappa, S. F. The neural correlates of verb and noun processing A PET study. *Brain*, 1999, 122 (12): 2337 - 2344.

141. Perfetti, C. A., & Zhang, S. Phonological processing in reading Chinese characters. *Journal of Experimental Psychology: Learning, Memory and Cognition*, 1991, 17: 633 - 643.

142. Perfetti, C. A., & Zhang, S. Very early phonological activation in Chinese reading. *Journal of Experimental Psychology: Learning, Memory and Cognition*, 1995, 21: 24 - 33.

143. Perfetti, C. A., Zhang, S., & Berent, I. Reading in English and Chinese: Evidence for a "universal" phonological principle. In R. Frost & L. Katz (Eds.). *Orthography, Phonology, Morphology, and Meaning*. Amsterdam: North - Holland, 1992.

144. Pickering, M. J., & Frisson, S. Processing ambiguous verbs: Evidence from eyemovements. *Journal of Experimental Psychology: Learning, Memory and Cognition*, 2001, 27 (2): 556 - 573.

145. Pulvermüller, F. Words in the brain's language. *Behave Brain Science*, 1999, 22 (2): 253 - 279.

146. Pulvermüller, F. Brain reflections of words and their meaning. *Trends Cognitive Science*, 2001, 5 (12): 517 - 524.

147. Pulvermüller, F. Brain mechanisms linking language and action. *Nature Reviews Neuroscience*, 2005, 6: 576 - 582.

148. Pulvermüller, F. , & Fadiga, L. Active perception: Sensorimotor circuits as a cortical basis for language. *Nature Reviews Neuroscience*, 2010, 11 (5): 351 -360.

149. Pulvermüller, F. , Lutzenberg, W. , & Preissl, H. Nouns and verbs in the intact brain: Evidence from event-related and potentials and high-frequency cortical responses. *Cerebral Cortex*, 1999, 9: 497 -506.

150. Rizzolatti, G. , Fogassi, L. , & Gallese, V. Neurophysiological mechanisms underlying the understanding and imitation of action. *Nat. Rev. Neuroscience*, 2001, 2: 661 -670.

151. Sandhofer, C. M. , Smith, L. B. & Luo, J. Counting nouns and verbs in the input: Differential frequencies, different kinds of learning? *Journal of Child Language*, 2000, 27: 561 -585.

152. Schwanenflugel, P. J. Why are abstract concepts hard to understand? In P. J. Schwanenflugel (Ed.) . *The Psychology of Word Meanings*. Hillsdale, NJ: Erlbaum, 1991, pp. 223 -250.

153. Schwanenflugel, P. J. , Harnishfeger, K. K. , & Stowe, R. W. Context availbility and lexical decision for abstract and concrete words. *Journal of Memory and Language*, 1988, 27: 499 -520.

154. Schwanenflugel, P. J. , & Henderson, R. L. Developing organization of mental verbs and theory of mind in middle childhood: Evidence from extensions. *Developmental Psychology*, 1998, 34: 512 -524.

155. Schwanenflugel, P. J. , & Shoben, E. J. Differential context effects in the comprehension of abstractand concrete verbal material. *Journal of Experimental Psychology: Learning, Memory, and Cognition*, 1983, 9 (1): 82 -102.

156. Schreuder, H. , & Baayen, H. Prefix -stripping revisited. *Journal of Memory and Language*, 1994, 33: 357 -375.

157. Scott, A. M. , Richard, C. S. Rethinking the word frequency effect: The neglected role of distributional information in lexical processing. *Language and Speech*, 2001, 44 (3): 295 -323.

158. Seidenberg, M. S. The time course of phonological activation in two writing system. *Cognition*, 1985, 19 (1): 1 -30.

159. Sera, M. D. , Elief, C. , Forbes, J. , Bureh, M. C. , & Rodfiguez, W. When language affects cognition and when it does not: An analysis of grammatical gender and classification. *Joumal of Experimental Psychology: Gener-*

al, 2002, 131 (3): 377 -397.

160. Sereno, J. A. Hemispheric differences in grammatical class. *Brain and Language*, 1999, 70 (1): 13 -28.

161. Slobin, D. I. Cross-linguistic evidence for the language marking capacity. In Slobin, D. I. *The Cross-Linguistic Study of Child Language Development*. Hillsdale, NJ: Erlbaum, 1985, pp. 1157 -1256.

162. Smith, N., & Wilson, D. *Modern Linguistics: The Results of Chomsky's Revolution*. Harmonds worth: Penguin, 1979.

163. Siok, W. T., Perfetti, C. A., Jin, Z., & Tan, L. H. Biological abnormality of impaired reading is constrained by culture. *Nature*, 2004, 431: 71 -76.

164. Wilson, S. M., Saygin, A. P., Sereno, M. I., & Iacoboni, M. Listening to speech activates motor areas involved in speech production. *Nature Neurosci*, 2004, 7: 701 -702.

165. Su, L. Y., & Jing, L. L. Sublexical processing in visual recognition of Chinese characters: Evidence from repetition blindness for subcharacter components. *Brain and Language*, 2004, 88: 47 -53.

166. Taft, M., & Forster, K. I. Lexical storage and retrieval of prefixed words. *Journal of Verbal Learning and Verbal Behavior*, 1975, 14: 638 -647.

167. Taft, M., & Zhu, X. Sub-morphemic processing in reading Chinese. *Journal of Experimental Psychology: Learning, Memory, and Cognition*, 1997, 23: 761 -775.

168. Taft, M. Morphological decomposition and the reverse base frequency effect. *The Quarterly Journal of Experimental Psychology*, 2004, 57: 745 -765.

169. Tan, L. H., Hoosain, R. & Peng, D. L. Role of early presemantic phonologic code in Chinese characteridentification. *Journal of Experimental Psychology: Learning, Memory, and Cognition*, 1995, 21: 43 -54.

170. Tan, L. H., Hoosain, R., & Siok, W. W. T. Activation of phonological codes before access to character meaning in written Chinese. *Journal of Experimental Psychology: Learning, Memory, and Cognition*, 1996, 22: 865 -882.

171. Tardif, T. Nouns are not always learned before verbs: Evidence from Mandarin speakers' early vocabularies. *Developmental Psychology*, 1996, 32: 492 -504.

172. Tettamanti, M., Buccino, G., Cristina, M. C., et al. Listening to action-related sentences activates fronto-parietal motor circuits. *Journal of Cogntive*

Neuroscience, 2005, 17: 273 – 281.

173. Trueswell, J. C., Tanenhaus, M. K., & Kefo, C. Verb-specific constrains in sentence processing: Separating effects of lexical preference from garden-paths. *Joumal of Experimental Psychology: Learning, Memory, and Cognition*, 1993, 19 (3): 528 – 553.

174. Tversky, A., & Kahneman, D. Availability: A heuristic for judging frequency and probability. *Cogntive Psychology*, 1975, 5: 207 – 232.

175. Tyler, L. K., & Russell, R. The neural representation of nouns and verbs: PET studies. *Brain*, 2001, 124 (8): 1619 – 1634.

176. Tyler, L. K., Stamatakis, E. A., Dick, E., et al. Objects and their actions: Evidence for a neurally distributed semantic system. *Neuroimage*, 2003, 18: 542 – 557.

177. Tzeng, O. J. L., Hung, D. L., & Wang, W. S – Y. Speech recoding in reading Chinese characters. *Journal of Experimental Psychology: Human Learning and Memory*, 1977, 3: 621 – 630.

178. Van, O. G. C. A ROWS is a ROSE: Spelling, sound, and reading. *Memory and Cognition*, 1987, 15: 181 – 198.

179. Warrington, E. K. & McCarthy, R. Categories of knowledge: Further fractionation and an attempted integration. *Brain*, 1987, 110: 829 – 854.

180. Warrington, E. K., & Shallice, T. Category specific semantic impairments. *Brain*, 1984, 107: 829 – 854.

181. Wen, J. K., Tzu, C. Y., et al. Orthographic and phonological processing of Chinese characters: An fMRI study. *NeuroImage*, 2004, 21: 1721 – 1731.

182. Wydell, T. N., Butterworth, B., & Patterson, K. The inconsistency of consistency effects in reading: The case of Japanese Kanji. *Journal of Experimental Psychology: Learning, Memory, and Cognition*, 1995, 21: 1155 – 1168.

183. Yeung, O., Wong W., & Chiu, K. M. Y. Processing of semantic radicals in writing Chinese characters: Data from a Chinese dysgraphic patient. *Cognitive Neuropsychology*, 2005, 22 (7): 885 – 903.

184. Zhu, X. *Analysis of the Cueing Function of the Phonetic in Modern Chinese.* Proceedings of the symposium on Chinese language and character. Beijing: Guang Ming Daily Press, 1988.

后　记

本书以我的博士论文为基础，并整合了后期新的义符研究成果。在本书出版之际，谨向所有对本书的完成提供过帮助与贡献的人献上我最诚挚的谢意。

首先感谢我的导师张积家教授。多年来，他在学习上给予了我悉心的教导，在生活上给予了我亲人般的关怀和帮助。本书的完成，从研究思路的拟定、实验材料的选定到最后的成文，都倾注了恩师的大量心血。恩师严谨的治学态度、不知疲惫的治学精神以及善良正直的人格魅力将永远影响着我，催我奋进，促我自强。在此我要说声：谢谢您，张老师！您辛苦了。

其次，我也要感谢莫雷教授、金志成教授、郑希付教授、刘鸣教授、张敏强教授、申何永教授对我的指导和帮助。他们拓宽了我的学术视野，使我体会到了心理学研究的乐趣。尤其要感谢莫雷教授，他是我的硕士导师，是他最先把我带进了心理学这座神圣的宝殿，奠定了我心理学研究的基础。一日为师，终身为师，在此向各位老师道声：谢谢你们。

此外，教科院的陈俊、陈彩琦、冷英、曾祥炎等老师为本研究被试的招募、数据的分析提供了无私的帮助，同门张萌、石艳彩、刘红艳、马利军、陆爱桃、支素华、党玉晓、孙培征、刘敦明等为我的实验的实施和数据的输入提供了很大帮助。在此也表示诚挚的谢意。

我还要感谢我的几位好友，他们的关心、帮助与鼓励，使我能够勇敢面对求学过程中的各种困难，今生能够结识他们是我的荣幸。

最后我要感谢我的父母、我的姐妹、我的爱人和我的儿子，感谢他们陪我共同面对生活中的苦与乐。他们默默的支持，他们的健康和乐观是我前进的巨大动力。

深深感谢暨南大学出版社，是编辑们的支持、鼓励和辛勤的付出才使得本书能够顺利出版。

谨以此书献给所有爱我和我爱的人，祝大家身体健康，一切顺意！

陈新葵
2014 年 5 月
于耕耘小屋